Hans-Dieter König

Affekte

Viele Begriffe, die wir aus der Psychoanalyse kennen, blicken auf eine lange Geschichte zurück und waren zum Teil schon vor Freuds Zeit ein Thema. Einige Begriffe haben längst den Weg aus der Fachwelt hinaus in die Umgangssprache gefunden. Alle diese Begriffe stellen heute nicht nur für die Psychoanalyse, sondern auch für andere Therapieschulen zentrale Bezugspunkte dar.

Die Reihe »Analyse der Psyche und Psychotherapie« greift grundlegende Konzepte und Begrifflichkeiten der Psychoanalyse auf und thematisiert deren jeweilige Bedeutung für und ihre Verwendung in der Therapie. Jeder Band vermittelt in knapper und kompetenter Form das Basiswissen zu einem zentralen Gegenstand, indem seine historische Entwicklung nachgezeichnet und er auf dem neuesten Stand der wissenschaftlichen Diskussion erläutert wird.

Alle Autoren sind ausgewiesene Fachleute auf ihrem Gebiet und können aus ihren langjährigen Erfahrungen in Klinik, Forschung und Lehre schöpfen. Die Reihe richtet sich in erster Linie an Psychotherapeutinnen und -therapeuten aller Schulen, aber auch an Studierende in Universität und Therapieausbildung.

Unter anderem sind folgende Themenschwerpunkte in Planung:
Selbstverletzung | Borderline-Störungen | Sucht | Hypochondrie
Depression | Sexualität | Triangulierung | Magersucht | Bindung
Übertragung/Gegenübertragung | Adoleszenz | Mentalisierung

Bereits erschienen sind:

Band 1 Mathias Hirsch: Trauma. 2011.
Band 2 Günter Gödde, Michael B. Buchholz: Unbewusstes. 2011.
Band 3 Wolfgang Berner: Perversion. 2011.
Band 4 Hans Sohni: Geschwisterdynamik. 2011.
Band 5 Joachim Küchenhoff: Psychose. 2012.
Band 6 Benigna Gerisch: Suizidalität. 2012.
Band 7 Jens L. Tiedemann: Scham. 2013.
Band 8 Ilka Quindeau: Sexualität. 2014.
Band 9 Angelika Ebrecht-Laermann: Angst. 2014.

Band 10 **Analyse der Psyche und Psychotherapie**

Hans-Dieter König

Affekte

Psychosozial-Verlag

Bibliografische Information der Deutschen Nationalbibliothek
Die Deutsche Nationalbibliothek verzeichnet diese Publikation in der Deutschen Nationalbibliografie; detaillierte bibliografische Daten sind im Internet über http://dnb.d-nb.de abrufbar.

2. Auflage 2026

Gesetzlich vertreten durch
die persönlich haftende Gesellschaft Wirth GmbH,
Geschäftsführer: Johann Wirth
Walltorstraße 10, 35390 Gießen, Deutschland
06 41 96 99 78 0
info@psychosozial-verlag.de
www.psychosozial-verlag.de

Umschlaggestaltung: Hanspeter Ludwig, Wetzlar
www.imaginary-world.de
Druck und Bindung: Druckhaus Bechstein GmbH
Willy-Bechstein-Straße 4, 35576 Wetzlar, Deutschland
Printed in Germany
ISBN 978-3-8379-2249-3 (Print)
ISBN 978-3-8379-6638-1 (E-Book-PDF)
ISSN 2943-6222 (Print)
ISSN 2943-6230 (Digital)

Inhalt

Einleitung

In der Psychoanalyse steht der Umgang mit Affekten im Zentrum der psychotherapeutischen Arbeit. Wenn wir den Erzählungen unserer Patientinnen und Patienten zuhören, gewinnen wir eine Vorstellung davon, welche Affekte sie motivieren, hemmen oder quälen – Freude und Neugier, Neid und Eifersucht, Verliebtheit und Liebe, Furcht und Angst, Wut und Hass, Ärger und Ekel, Stolz, Scham und Schuld. Der therapeutische Umgang mit Affekten wirft praktisch-klinische und zugleich theoretisch-konzeptuelle Probleme auf.

Von der praktisch-klinischen Arbeit her stellt der Umgang mit den Affekten eine Herausforderung dar, mit der Fragen wie die folgenden verbunden sind:

Wie lassen sich im Verlauf einer Therapie die unbewältigten affektiven Erfahrungen erschließen, die sich etwa hinter einer hysterischen Beinlähmung verbergen? Wie werden durch eine Analyse die schmerzlichen Affekte der frühen Kindheit zugänglich, die einer Zwangsstörung zugrunde liegen? Wie lässt sich in einer Therapiestunde das Misstrauen einer unter Depressionen leidenden Patientin auflösen, die dem Psychotherapeuten vorwirft, dass er sich nicht für sie interessiere? Wie gelingt es in einer analytischen Sitzung, durch Selbstbeobachtung und durch das Aufgreifen der geschilderten freien Assoziationen das von einer histrionischen Patientin beschriebene Erleben von Mattheit und Schwäche als Abwehr zu verdeutlichen und Schritt für Schritt die dahinter verborgene infantile Wut auf die Mutter bewusst zu machen? Wie kann der Psychotherapeut durch den Rückgriff auf das Mentalisierungskonzept die Patientin so erreichen, dass sich ihr emotional die zentrale Bedeutung einer Kindheitserinnerung für das unbewältigte Drama ihrer Lebensgeschichte erschließt?

Die praktisch-klinische Arbeit mit den Affekten gelingt freilich nur dann, wenn PsychotherapeutInnen über Konzepte verfügen, aufgrund derer sie die im therapeutischen Prozess zutage tretenden Affekte theoretisch einzuschätzen und einzuordnen vermögen: Wie lässt sich die Heftigkeit der zur Sprache gebrachten oder nonverbal inszenierten Affekte als Ausdruck von Triebregungen begreifen, die in der Körperlichkeit ihrer PatientInnen wurzeln? Wie lassen sich die Affekte als das Resultat struktureller Konflikte zwischen Es, Ich und Über-Ich einschätzen? Wie lassen sich die Affekte als intrapsychischer Niederschlag von Beziehungserfahrungen der infantilen Frühgeschichte, der adoleszenten Vergangenheit und des aktuellen Erwachsenenalters betrachten? Und: Welche Bedeutung ist traumatischen Affekten einzuräumen, die Ausdruck unerträglicher Erfahrungen von Hoffnungslosigkeit und Hilflosigkeit sind?

Schließlich kommt den Affekten auch deshalb eine zentrale Bedeutung zu, weil die psychotherapeutische Arbeit mit den Affekten das Gelenkstück der analytischen Behandlung darstellt. Einerseits gelingt Psychotherapie nur dann, wenn wir emotional Anteil nehmen an den durch die Erzählungen zum Ausdruck gebrachten Affekten und uns von den durch Gestik und Mimik zum Ausdruck gebrachten Affekten gefühlsmäßig berühren lassen. Andererseits lässt sich das Leiden unter neurotischen Symptomen nur in dem Maße bearbeiten, wie PatientInnen die negativen Affekte einer frühkindlichen Vergangenheit auf ihre PsychotherapeutInnen übertragen und diese die unbewusst auf sie übertragenen Affekte aushalten, sie sich bewusst machen und durch die Deutung auf eine entgiftete Weise zurückgeben.

Wenn die PatientInnen für die klassische analytische Arbeit aber noch nicht über die nötige Reflexionsfähigkeit verfügen, ist es erforderlich, dass ihre PsychotherapeutInnen ihnen erst einmal dabei helfen, sich der Affekte durch Mentalisierung bewusst zu werden, sodass die PatientInnen sie durch Nachdenken zu identifizieren, zu modulieren und innerlich auszudrücken lernen.

Entscheidend ist in beiden Fällen, dass die PsychotherapeutInnen die eigenen Affekte für das Verstehen der bewussten und unbewussten Konflikte ihrer PatientInnen und für den Umgang mit deren Mangelerfahrungen nutzen.

Auf alle diese Fragen und Problemstellungen versucht der vorliegende Text Antworten zu geben. Welchen Beitrag leistet die von Freud (1921) selbst als »Affektivitätslehre« begriffene Triebtheorie (S. 98) zum Verständnis der in der klinischen Praxis auftretenden Affekte? Welche Bedeutung ist der Affekttheorie der neueren Säuglingsforschung beizumessen? Was ist von Otto F. Kernbergs Vermittlungsversuch von Affekten und Trieben zu halten?

Wenn der Vergleich dieser Konzepte zeigt, dass die psychoanalytische Triebtheorie und die Affekttheorie der neueren Säuglingsforschung inkompatibel sind, wie lassen sich dann die Forschungsergebnisse beider Konzepte auf der Grundlage einer psychoanalytischen Sozialisationstheorie vermitteln? Und: Wie lassen sich die Erträge dieser aus der klinischen Arbeit hervorgegangenen Konzepte wieder in die therapeutische Arbeit übersetzen? Letzteres wird am Ende des Bandes anhand von zwei Fallrekonstruktionen exemplarisch illustriert – einer tiefenpsychologisch fundierten und einer analytischen Therapie.

Ich danke den beiden Patientinnen, die damit einverstanden waren, dass ich Fallmaterial aus ihren Therapien in diesem Buch veröffentliche. Ich danke auch Michael Lacher, dem Kollegen und Freund, der den Text sorgfältig gelesen hat und dessen anregende Anmerkungen und Hinweise in die Endfassung des Textes eingegangen sind.

Dortmund, im Herbst 2013
Hans-Dieter König

Zur Geschichte der Triebtheorie: Sigmund Freuds klinisch entwickelte Affekttheorie

Sexual- und Selbsterhaltungstriebe – die Hysterie von Elisabeth von R.

Bei der Krankengeschichte von Elisabeth von R. handelt es sich um die »erste vollständige Analyse einer Hysterie«, bei der Freud die Methode einer »schichtweisen Ausräumung des pathogenen psychischen Materials« entwickelte, »welches wir gerne mit der Technik der Ausgrabung einer verschütteten Stadt zu vergleichen pflegten« (Freud 1895, S. 201). Im Herbst 1892 suchte ihn diese 24 Jahre alte Frau auf, die »seit länger als zwei Jahren an Schmerzen in den Beinen« litt und »schlecht« ging (ebd., S. 196). Am intensivsten war der Schmerz auf dem rechten Oberschenkel, dessen Haut und Muskulatur äußerst empfindlich auf »Drücken und Kneipen« reagierte (ebd., S. 197). Es fiel Freud auf, dass die Patientin bei der körperlichen Untersuchung des Oberschenkels nicht mit schmerzverzerrtem Gesicht zusammenzuckte, sondern dass ihr Gesicht auf das Kneipen und Drücken hin »einen eigentümlichen Ausdruck« annahm, der eher lustbestimmt zu sein schien. Denn sie schrie auf, »ihr Gesicht rötete sich, sie warf den Kopf zurück, schloß die Augen, der Rumpf bog sich nach rückwärts«, eine Mimik und Gestik, die an einen »wollüstigen Kitzel« denken ließ (ebd., S. 198). Da die Miene nicht zum Schmerz passte, vermutete Freud »eine Hysterie«, der entsprechend »die Reizung […] eine hysterische Zone betroffen« habe (ebd., S. 199).

Das Zur-Sprache-Bringen

Freud eröffnete die Behandlung damit, dass er sich die Leidensgeschichte von Elisabeth erzählen ließ, die »eine langwierige, aus mannigfachen schmerzlichen Erlebnissen gewebte« war (ebd.). Sie war als Ilona Weiß (ich verwende im Folgenden weiter den fiktiven Namen) in Budapest zur Welt gekommen (vgl. Gay 1987, S. 87) und hatte als die jüngste von drei Töchtern ihre Jugend auf einem Gut in Ungarn verbracht. Da die Gesundheit der Mutter »durch ein Augenleiden und auch durch nervöse Zustände« beeinträchtigt war, hatte Elisabeth sich »besonders innig an den heiteren und lebenskundigen Vater« angeschlossen, »der zu sagen pflegte, diese Tochter ersetze ihm einen Sohn und einen Freund, mit dem er seine Gedanken austauschen könne« (Freud 1895, S. 201f.). Sie genoss diese Gespräche mit dem Vater und träumte davon, zu studieren und sich in Musik ausbilden zu lassen.

Als der Vater nach dem Umzug nach Wien an einem chronischen Herzleiden erkrankte, pflegte Elisabeth ihn eineinhalb Jahre lang. Sie betreute ihn nicht nur tagsüber, sondern schlief auch im Zimmer des Vaters, um nachts auf seinen Ruf hin zu erwachen (ebd., S. 202). Während des letzten Halbjahres seiner Erkrankung sei sie freilich selbst einmal ans Bett gefesselt gewesen, weil sie »solche Schmerzen im rechten Bein« gehabt habe, aber das sei nach anderthalb Tagen wieder vorbei gewesen (ebd., S. 203). Erst zwei Jahre nach dem Tod des Vaters geschah es, »daß sie sich krank fühlte und ihrer Schmerzen wegen nicht gehen konnte« (ebd., S. 203).

Nachdem der Vater gestorben war, fühlte Elisabeth sich für die Restfamilie verantwortlich und kümmerte sich aufopferungsvoll um die noch kränklicher gewordene Mutter. Nach Ablauf des Trauerjahres heiratete die älteste Schwester einen ehrgeizigen Mann, mit dem sie in eine ferne Stadt zog. Sodann heiratete die mittlere Schwester, ebenfalls herzkrank, einen feinsinnigen und rücksichtsvollen Mann. Das Kind aus dieser glücklichen Ehe wurde Elisabeths »Liebling« (ebd., S. 204). Allerdings erforderte »das Augenleiden der Mutter […] eine mehrwöchige Dunkelkur, welche Elisabeth mitmachte« (ebd.). Auch belastete Elisabeth die bevorstehende Augenoperation der Mutter.

Als sich die drei Familien anschließend in einem kleinen Kurort zu einem Sommeraufenthalt trafen, hätte auch Elisabeth sich erholen sollen. Doch nach einem Spaziergang brachen die Schmerzen in den Beinen und eine Gehschwäche erneut aus. »Von jetzt ab war Elisabeth die Kranke der Familie« (ebd., S. 205). Die von einem Arzt angeratene Badekur, bei der die Mutter sie begleitete, musste sie nach zwei Wochen abbrechen, weil beide Frauen ans Krankenbett der zweiten Schwester gerufen wurden. Die Schwester, deren Herzleiden sich aufgrund einer zweiten Schwangerschaft lebensgefährlich verschlechtert hatte, verstarb jedoch vor der Rückkehr.

Da trotz des Erzählens der Krankengeschichte jeder Heilerfolg ausblieb, fragte Freud seine Patientin, »an welchen psychischen Eindruck die erste Entstehung der Schmerzen in den Beinen geknüpft sei« (ebd., S. 208). Da sich die Kranke zunächst nicht hypnotisieren lassen wollte, kam Freud auf die Idee, sie dazu aufzufordern, ihm alles mitzuteilen, was ihr einfalle, während er ihr mit den Händen auf den Kopf drücke. Als er das tat, schwieg sie lange und gestand auf Freuds Drängen hin, dass sie an den Abend gedacht habe, »an dem ein junger Mann sie aus einer Gesellschaft nach Hause begleitet« habe, an die Gespräche mit ihm, in denen er sie spüren ließ, »daß er sie liebe und verstehe«, und »an die Empfindungen, mit denen sie dann nach Hause zur Pflege des Vaters zurückkehrte« (ebd.).

Aber als Elisabeth an jenem Abend nach Hause kam, an dem sie »so warm« wie nie zuvor für ihn gefühlt hatte, »traf sie den Zustand des Vaters verschlimmert und machte sich die bittersten Vorwürfe, daß sie so viel Zeit ihrem eigenen Vergnügen geopfert« hatte (ebd., S. 209). Wie sie den Vater fortan nicht mehr für einen ganzen Abend verließ und den Freund nur noch selten sah, so zog er sich nach dem Tod des Vaters »aus Achtung vor ihrem Schmerze« zurück (ebd., S. 210). »Dieses Fehlschlagen der ersten Liebe schmerzte sie aber noch jedesmal, so oft sie an ihn dachte« (ebd.).

Das Aufdecken der Szenen, die dem ersten Auftreten der hysterischen Schmerzen in den Beinen vorausgingen, erlaubte Freud folgende Erklärung:

> »Durch den Kontrast zwischen der Seligkeit, die sie sich damals gegönnt hatte, und dem Elende des Vaters, das sie zu Hause antraf, war ein Konflikt, ein Fall von Unverträglichkeit gegeben. Das Ergebnis des

> Konfliktes war, daß die erotische Vorstellung aus der Assoziation verdrängt wurde, und der dieser anhaftende Affekt wurde zur Erhöhung oder Wiederbelebung eines gleichzeitig (oder kurz vorher) vorhandenen körperlichen Schmerzes verwendet. Es war also der Mechanismus einer Konversion zum Zwecke der Abwehr [...]« (ebd., S. 210).

Was Elisabeth sich sehnlichst wünschte, die Liebe zu dem jungen Mann, erschien unvereinbar mit ihrer Sorge um den Vater. Um sich dieses emotionalen Konfliktes zu entledigen, verdrängte sie die Vorstellungen, die mit der Verliebtheit in den jungen Mann zusammenhingen. So übersetzte sich die mit der Liebe zu dem jungen Mann verbundene »psychische Erregung« in den hysterischen »Körperschmerz« (ebd., S. 211).

Wenig später überraschte Elisabeth durch die Aufklärung darüber, was sie vergessen hatte: Die Schmerzen seien nämlich an einer bestimmten Stelle des rechten Oberschenkels am heftigsten, weil dort allmorgendlich das Bein des Vaters geruht hatte, »während sie die Binden erneuerte, mit denen das arg geschwollene Bein gewickelt wurde« (ebd., S. 212). Zudem fingen die schmerzhaften Beine an, während der Analysestunden »mitzusprechen« (ebd.). Während die Kranke zu Stundenbeginn meist schmerzfrei war, meldete sich dann, wenn Freud »durch eine Frage oder einen Druck auf den Kopf eine Erinnerung« wachrief, »eine Schmerzempfindung meist so lebhaft, daß die Kranke zusammenzuckte und mit der Hand nach der schmerzenden Stelle fuhr« (ebd.).

> »Dieser geweckte Schmerz blieb bestehen, solange die Kranke von der Erinnerung beherrscht war, erreichte seine Höhe, wenn sie im Begriffe stand, das Wesentliche und Entscheidende an ihrer Mitteilung auszusprechen, und war mit den letzten Worten dieser Mitteilung verschwunden« (ebd.).

So lösten sich die körperlichen Schmerzen durch das Aussprechen der allzu lange unterdrückten seelischen Schmerzen auf. Die Folge dieses kathartischen Abreagierens war, dass Elisabeth »die meiste Zeit keine Schmerzen« mehr hatte und sich dazu bewegen ließ, »viel zu gehen und ihre bisherige Isolierung aufzugeben« (ebd., S. 212).

Sodann stieß Freud auf die folgende Beobachtung:

> »Ich fand nämlich, daß das rechte Bein während unserer Hypnosen schmerzhaft wurde, wenn es sich um Erinnerungen aus der Krankenpflege des Vaters, aus dem Verkehre mit dem Jugendgespielen und um anderes handelte, was in die erste Periode der pathogenen Zeit fiel, während der Schmerz sich am anderen, linken Bein meldete, sobald ich eine Erinnerung an die verlorene Schwester, an die beiden Schwäger, kurz einen Eindruck aus der zweiten Hälfte der Leidensgeschichte erweckt hatte« (ebd., S. 213f.).

Als Elisabeth sich im weiteren Verlauf der Behandlung eingehend an den Augenblick erinnerte, als sie nach der Rückkehr aus der Badekur im Krankenbett nur noch die tote Schwester vorfand, fiel ihr jener Moment ein, in dem sie »wie ein greller Blitz« der Gedanke durchzuckte: »Jetzt ist er wieder frei, und ich kann seine Frau werden« (ebd., S. 222).

Schlagartig wurde Freud klar, wie die hysterischen Symptome »durch Konversion psychischer Erregung ins Körperliche« entstanden waren (ebd.):

> »Dieses Mädchen hatte ihrem Schwager eine zärtliche Neigung geschenkt, gegen deren Aufnahme in ihr Bewußtsein sich ihr ganzes moralisches Wesen sträubte. Es war ihr gelungen, sich die schmerzliche Gewißheit, daß sie den Mann ihrer Schwester liebe, zu ersparen, indem sie sich dafür körperliche Schmerzen schuf, und in Momenten, wo sich ihr diese Gewißheit aufdrängen wollte […], waren durch gelungene Konversion ins Somatische jene Schmerzen entstanden« (ebd.).

Als Freud deutete, die Patientin sei »also seit langer Zeit in ihren Schwager verliebt«, schrie sie, derart konfrontiert mit dem Verdrängten, laut auf. »Sie klagte über die gräßlichsten Schmerzen in diesem Augenblicke« und wehrte sich gegen die Deutung mit den Worten, dass das nicht wahr sei, Freud wolle ihr das einreden, weil sie zu »einer solchen Schlechtigkeit […] nicht fähig« sei (ebd., S. 223). Zwar konnte sie bald akzeptieren, »daß ihre eigenen Mitteilungen keine andere Deutung zuließen, aber es dauerte lange«, bis Freuds »Trostgründe« sie erreichten: »daß man für Empfindungen unverantwortlich sei« und dass ihre Erkrankung »ein genügendes Zeugnis für ihre moralische Natur sei« (ebd.).

Aufgrund des Durcharbeitens dieser Erinnerungen »wurde es Elisabeth klar, daß die zärtliche Empfindung für ihren Schwager seit langer Zeit, vielleicht seit Beginn ihrer Beziehungen in ihr geschlummert und sich so lange hinter der Maske einer bloß verwandtschaftlichen Zuneigung versteckt hatte« (ebd., S. 224). Die Erinnerung und Durcharbeitung dieser Szenen sowie das damit einhergehende kathartische Abreagieren lange unterdrückter Affekte der Verliebtheit und der Schuld entlastete Elisabeth so sehr, dass sich die hysterischen Schmerzen auflösten. Am Ende fand Freud bei einem Hausball Gelegenheit, »meine einstige Kranke im raschen Tanz dahinfliegen zu sehen« (ebd., S. 226). Freud beendete die Krankengeschichte mit den Worten, dass Elisabeth »sich seither aus freier Neigung mit einem Fremden verheiratet« habe (ebd.).

Die Frage, wie sich die Hysterie dieser Patientin theoretisch begreifen lässt, beantwortete Freud im Rückgriff auf die von ihm entwickelte Triebtheorie. Zwar vertrat Freud während der Zusammenarbeit mit Breuer die Auffassung, dass die Hysterie auf ein äußeres Trauma (der sexuellen Verführung) zurückzuführen sei. Doch seine Interpretation der Krankengeschichte von Elisabeth von R. zeigt, dass er die hysterische Symptomatik bereits durch die innere Verarbeitung eines äußeren Konflikts begründet sah.

Wer im Alltag auf ein ihn emotional aufwühlendes Ereignis »energisch reagiert«, indem er sich beispielsweise »ausweint« oder »austobt«, der sorgt nach Auffassung von Freud dafür, dass sich die durch die Konfliktsituation entstandenen Affekte »entladen« (ebd., S. 87). Wie es eine Klage oder eine Beichte illustriere, könnten belastende Affekte mithilfe der Sprache »abreagiert« werden (ebd.). Wenn dagegen die Reaktion auf einen Konflikt unterdrückt werde, »so bleibt der Affekt mit der Erinnerung verbunden« (ebd.). Freud resümiert, dass nicht die Beleidigung, die »vergolten« werde, sondern allein die Beleidigung, die »schweigend erduldet« werde, eine »Kränkung« darstelle, die krank mache (ebd.).

Freud war der Meinung, dass im Falle der vorliegenden Hysterie die Kräfte der Elisabeth von R. durch den »depotenzierenden

Einfluß einer langen Krankenpflege« geschwächt worden seien (ebd., S. 228). Zuerst war es die Pflege des Vaters und anschließend die Pflege der Mutter, die Elisabeth daran »gewöhnt […], alle Zeichen der eigenen Ergriffenheit zu unterdrücken« und sich »von der Aufmerksamkeit für seine eigenen Eindrücke« abzulenken (ebd.). Bei der ersten Krankenpflege stellte sich »an einer bestimmten Stelle des rechten Oberschenkels« ein hysterisches Symptom ein, weil »der Vorstellungskreis ihrer Pflichten gegen den kranken Vater mit dem damaligen Inhalte ihres erotischen Sehnens in Konflikt geriet« (ebd., S. 231). Im Einklang mit der moralischen Verpflichtung, sich um den Vater zu kümmern, wurde »die erotische Vorstellung aus ihrem Bewußtsein« verdrängt und die daran gebundene »Affektgröße« in den hysterischen Schmerz verwandelt (ebd.).

Zwei Jahre später, als sie durch die Pflege der Mutter »körperlich erschöpft« war, geriet »ein erotischer Vorstellungskreis« erneut »in Konflikt mit all ihren moralischen Vorstellungen« denn die Neigung bezog sich auf ihren Schwager, und sowohl zu Lebzeiten als nach dem Tode der Schwester war es ein für sie unannehmbarer Gedanke, »daß sie sich gerade nach diesem Manne sehnen sollte« (ebd.).

Die »unverträgliche Vorstellung«, den Schwager zu lieben, wurde »verdrängt« (ebd., S. 234), weil sie unvereinbar war mit der Beziehung zur Schwester und zu ihrer Familie. Während die verdrängte Vorstellung »als eine schwache (wenig intensive) Erinnerungsspur« bestehen blieb, wurde »der ihr entrissene Affekt« somatisiert und in das Konversionssymptom der Beinbeschwerden übersetzt (ebd., S. 288).

Vergleicht man beide Phasen der hysterischen Erkrankung, fällt der unterschiedliche Schweregrad auf: Die Verdrängung des Konflikts, sich während der Krankenpflege des Vaters in einen jungen Mann zu verlieben, führt zu hysterischen Körperschmerzen, die »nach wenigen Tagen« verschwinden (ebd., S. 236). Der moralische Konflikt, dass die Verliebtheit in den Schwager unvereinbar ist mit der Verantwortung für die Familie, hat dagegen eine anhaltende hysterische Erkrankung zur Folge.

Freud nimmt an, dass es »von der Empfindlichkeit des betroffenen Menschen« abhängt, ob er »peinliche Affekte des Schreckens, der Angst, der Scham, des psychischen Schmerzes«

bewältigen kann oder unter ihrem Einfluss anstößige Vorstellungen verdrängen und Konversionssymptome entwickeln muss (ebd., S. 84). Wenn aber die Gesunden »die Fortdauer von Vorstellungen mit unerledigtem Affekte in ihrem Bewußtsein im großen Ausmaße ertragen«, so heißt das doch nicht, dass nicht auch Hysterikerinnen »ein gewisses Maß unerledigt beibehalten können« (ebd., S. 242). »Es kommt offenbar auf ein quantitatives Moment an, nämlich darauf, wieviel von solcher Affektspannung eine Organisation verträgt« (ebd.).

Aus der vorübergehenden Konversionsneigung wird eine sich chronifizierende Konversionssymptomatik erst dann, wenn »dasselbe [das quantitative Moment] durch Summation bei ähnlichen Anlässen über die individuelle Tragfähigkeit hinaus[geht]« (ebd., S. 242). Dass der Konflikt zwischen der Pflege des Vaters und dem Begehren eines jungen Mannes durch eine vorübergehende hysterische Symptombildung gelöst wurde, ließe sich dadurch erklären, dass Elisabeth von R. zu diesem Zeitpunkt noch über genügend affektive Kräfte (Selbstvertrauen, Glaube, Hoffnung) verfügte, um das Leiden unter dem Verlust der ersten großen Liebe zu kompensieren. Erst als sie zwei Jahre später feststellte, dass sie auch auf die zweite große Liebe aufgrund ihrer Bindung an die Familie verzichten musste, nahmen die Affekte der Ohnmacht und Hilflosigkeit in einem solchen Maße überhand, dass sie eine nicht mehr auflösbare Hysterie entwickelte.

»Nachträglich« gewann die vorübergehende Hysterie aus der Zeit der Pflege des Vaters eine besondere Bedeutung (ebd., S. 236), weil sie in einer zur Verzweiflung bringenden Weise die Erfahrung bestätigte, dass Elisabeth mit Rücksicht auf ihre Familie auf die Männer verzichten musste, in die sie sich verliebte. Die Konversionssymptomatik wurde daher »einerseits von frischerlebtem, anderseits von erinnertem Affekt bestritten« (ebd., S. 241).

Damit wird fassbar, auf welche Weise Freud Elisabeth von R. »heilte«: dass das Erzählen der Krankengeschichte keinen Heilerfolg nach sich zog, offenbart, dass »affektloses Erinnern […] fast immer völlig wirkungslos« ist (ebd., S. 85). Erst als Freud die Patientin zu den Schmerzen im rechten Bein frei assoziieren ließ und die ihm von ihr entgegengebrachten Widerstände bearbeitete, vermochte sie die verdrängte Verliebtheit in den jungen Mann zu erinnern, die sie sich während der Pflege des Vaters verboten hatte. Erst dann konnte sie spüren, wie sehr »das Fehlschlagen der ersten Liebe« sie geschmerzt hatte (ebd., S. 210).

Josef Breuer hatte die sogenannte kathartische Methode entwickelt, bei der die hysterischen Schmerzen im rechten Bein durch Abreagieren hätten verschwinden müssen, weil sich »die Wirksamkeit der ursprünglich nicht abreagierten Vorstellung dadurch« aufheben lässt, »daß sie dem eingeklemmten Affekte derselben den Ablauf durch die Rede gestattet« (ebd., S. 97). Breuers Methode aber ließ sich erst einsetzen, nachdem Freud durch die Methode der freien Assoziation und der Widerstandsanalyse das Verdrängte erschlossen hatte. Zudem zeigten die freie Assoziation und die Widerstandsarbeit die verdrängte Liebe zum Schwager. Anschließend ermöglichte es die Methode des kathartischen Abreagierens, sich von »der seit langer Zeit aufgespeicherten Erregung«, die mit der geheimen Verliebtheit in den Schwager verbunden war, durch das Zur-Sprache-Bringen verschiedener Szenen intimer Begegnung (er verwechselte sie mit seiner Braut; durch ihre lebhaften Unterhaltungen wurde die Schwester eifersüchtig; ihre vehemente Verteidigung des Schwagers gegen abfällige Bemerkungen) so zu befreien (ebd., S. 223), dass auch die hysterischen Schmerzen im linken Bein verschwanden.

Vom kognitiven zum affektiven Verstehen

Breuers Methode des kathartischen Abreagierens legte daher den Grundstein für die Entwicklung der Psychoanalyse durch die Entdeckung, dass psychotherapeutische Arbeit erst dann erfolgreich ist, wenn das kognitive Verstehen der von den Patientinnen erzählten Krankengeschichte in ein affektives Verstehen mündet. Die hysterischen Symptome verschwinden erst, wenn es gelingt, »die Erinnerung an den veranlassenden Vorgang zu voller Helligkeit zu erwecken [...] den begleitenden Affekt wachzurufen« und »in möglichst ausführlicher Weise [...] dem Affekt Worte« zu geben (ebd., S. 85). Das heißt aber, dass der ursprünglich abgelaufene psychische Prozess, der zur hysterischen Symptombildung geführt hat, »so lebhaft als möglich wiederholt, in *statum nascendi* gebracht und dann ›ausgesprochen‹ werden« muss (ebd.).

Doch die weitere Entwicklung der psychoanalytischen Arbeit war davon abhängig, dass Freud die Wirksamkeit der freien Assoziation und der Widerstandsarbeit entdeckte. Dass sich eine Patientin wie Elisabeth von R. gegen die Aufforderung, vorbehaltlos ihre Einfälle zu erzählen, häufig wehrte, machte Freud damit vertraut, »daß ich durch meine psychische Arbeit eine psychische Kraft bei dem Patienten zu überwinden habe, die sich dem Bewußtwerden (Erinnern) der pathogenen Vorstellungen widersetze« (ebd., S. 268).

Allmählich wurde Freud klar, dass es sich hierbei »wohl um dieselbe psychische Kraft« handele, »die bei der Entstehung des hysterischen Symptoms mitgewirkt und damals das Bewußtwerden der pathogenen Vorstellung verhindert habe« (ebd.). Es gehe um Vorstellungen »peinlicher Natur, geeignet, die Affekte der Scham, des Vorwurfs, des psychischen Schmerzes, die Empfindung der Beeinträchtigung hervorzurufen« (ebd.). Das Ich mobilisiere eine »Abwehr« gegen diese »unverträgliche Vorstellung«, indem es sie »aus dem Bewußtsein und aus der Erinnerung« dränge (ebd., S. 269). »Wenn ich mich bemühte, die Aufmerksamkeit auf sie zu lenken, bekam ich dieselbe Kraft als Widerstand zu spüren« (ebd.).

Freud versuchte, die durch die Analyse von Elisabeth von R. gewonnenen klinischen Einsichten theoretisch zu begreifen, indem er die Hysterie als die Folge eines Widerstreits von Sexual- und Selbsterhaltungstrieben konzeptualisierte, eine Konstruktion, die er in den Jahren 1894 bis 1897 implizit unterstellte, aber erst in den Jahren 1897 und 1911 ausarbeitete (vgl. Nagera 1969–1970, S. 28–35). Da sich eine Neurose wie die Hysterie auf einen »psychischen Konflikt«, auf einen »Widerstreit von Wunschregungen« zurückführen lasse, bei dem »ein Stück der Persönlichkeit […] gewisse Wünsche« vertritt, während »ein anderes […] sich dagegen« sträube (Freud 1916–1917b, S. 362), konstruierte Freud eine Theorie der Affekte, um dieses »Kräftespiel in der Seele« theoretisch zu »begreifen« (ebd., S. 62).

Kognition und Affektivität gehören zusammen, weil die Seele nach Freud in der Leiblichkeit des Menschen gründet. Daher setzte er am Vergleich mit dem Tier an und traf folgende Unterscheidung. Er sprach von »Instinkt […], um ein tierisches, durch Hereditât fixiertes und für die Art charakteristisches Verhalten zu kennzeichnen, das in seinem Ablauf präformiert und an sein Objekt adaptiert ist« (Laplanche/Pontalis 1967, S. 526). In Bezug auf den Menschen redete er dagegen vom »Trieb«, um einerseits dessen ununterdrückbaren Charakter, andererseits aber auch dessen Variabilität und Wandelbarkeit zu unterstreichen. So beschrieb er den Trieb »als ein[en] Grenzbegriff zwischen Seelischem und Somatischem, als psychische[n] Repräsentant[en] der aus dem Körperinnern stammenden, in die Seele gelangenden Reize, als ein Maß der Arbeitsanforderung, die dem Seelischen infolge des Zusammenhanges mit dem Körperlichen auferlegt ist« (Freud 1915c, S. 214). Denn ein Trieb könne »nie Objekt des Bewußtseins werden, nur die Vorstellung, die ihn repräsentiert« (Freud 1915a, S. 275).

Sodann sprach sich Freud gegen die Annahme einer Vielzahl von »sehr spezialisierten Triebmotiven« aus, die sich doch seines Erachtens weiter zerlegen lassen (Freud 1915c, S. 216), und konstruierte einen Dualismus von zwei »weiter nicht zerlegbaren Urtrieben«. Das Vorbild lieferte einerseits die Biologie, in der zwischen den basalen Funktionen der Selbsterhaltung und der Arterhaltung unterschieden wird. Andererseits ließ sich Freud von »den Worten des Dichters« leiten, der »als ›Hunger‹ oder als ›Liebe‹ […] alle in unserer Seele wirkenden organischen Triebe« klassifiziere (Freud 1910, S. 98). Daher liege es nahe, »zwischen den Trieben, welche der Sexualität, der Gewinnung sexueller Lust, dienen« und den sich ihnen widersetzenden zu unterscheiden, »welche die Selbsterhaltung des Individuums zum Ziele haben, den Ichtrieben« (ebd., S. 97f.).

Da die empirisch-klinische Arbeit mit Hysterikerinnen zeigte, dass Neurotikerinnen vor allem unter sexuellen Störungen leiden, entwickelte Freud den Triebbegriff am Modell der Sexualität. Dabei versuchte er in den *Drei Abhandlungen zur Sexualtheorie* (1905b) nachzuweisen, dass die genitale Potenz und die Liebesfähigkeit des Individuums das Endprodukt eines langwierigen Prozesses der Formung der Affekte (»Triebschicksale«) sei, die in der Kindheit einsetze und sich über die Pubertät bis ins Erwachsenenalter fortentwickele. Daher setze sich der Sexualtrieb aus einer Reihe von Partialtrieben zusammen, die sich in Abhängigkeit von verschiedenen erogenen Zonen des Körpers entwickeln und sich später als »Vorlust« in den reifen Sexualtrieb integrieren würden, für den die genitale Befriedigung den Höhepunkt (»Endlust«) darstelle.

Während die Sexualtriebe »zu Anfang wie zu Ende ihrer Entwicklung auf Lustgewinn« zielen, lernen die Selbsterhaltungs- oder Ich-Triebe »unter dem Einfluß der Lehrmeisterin Not«, dass es »unvermeidlich ist, auf unmittelbare Befriedigung zu verzichten, den Lustgewinn aufzuschieben, ein Stück Unlust zu ertragen und bestimmte Lustquellen überhaupt aufzugeben. Das so erzogene Ich ist ›verständig‹ geworden, es läßt sich nicht mehr vom Lustprinzip beherrschen, sondern folgt dem Realitätsprinzip, das im Grunde auch Lust erzielen will, aber durch die Rücksicht auf die Realität gesicherte, wenn auch aufgeschobene und verringerte Lust« (Freud 1916–1917b, S. 370).

Wenn also der Einzelne der Stimme seiner Vernunft folge und gegen eine heftige Leidenschaft ankämpfe, dann bediene sich das Ich der an die Realität geschmeidig angepassten Impulse des Selbsterhaltungstriebes, um einen Impuls der Sexualtriebe zu besiegen.

Im Rückgriff auf diese Konstruktion von Sexualtrieben und Selbsterhaltungstrieben sprach Freud davon, »daß ein Konflikt zwischen den Ansprüchen der Sexualität und denen des Ichs an der Wurzel« jeder Hysterie zu finden sei (Freud 1915c, S. 217). Denn wenn ein Partialtrieb des sich aus verschiedenen Partialtrieben aufbauenden Sexualtriebes »wegen seiner übergroßen Ansprüche die Gegenwehr der Ichtriebe« auf sich ziehe, dann werden »die Vorstellungen, in denen sich sein Streben ausdrückt, der Verdrängung verfallen und vom Bewußtwerden abgehalten werden« (Freud 1910, S. 99).

Vor dem Hintergrund dieser Konstruktion von Sexual- und Selbsterhaltungstrieben lässt sich die Hysterie von Elisabeth von R. folgendermaßen konzeptualisieren:

Wenn sich Elisabeth zuerst in einen jungen Mann und anschließend in ihren Schwager verliebt, dann wird sie von heftigen Leidenschaften erfasst – Affekte, die Freud als Abkömmlinge der Sexualtriebe betrachtete. Elisabeth gelingt es, diese erotischen Sehnsüchte als sozial anstößig zu verwerfen, weil das Ich aufgrund der moralischen Verantwortung für die Familie gegen die Leidenschaft des sexuellen Dranges ein starkes »Interesse« mobilisiert, das sich aus Impulsen des Selbsterhaltungstriebs speist. Dass ihr die eigene Verliebtheit nur in kurzen Augenblicken bewusst wird, insgesamt aber nicht bewusst bleibt, erklärt Freud durch das triebtheoretische Konzept, dass die auf den Sexualtrieb zurückgehende Vorstellungsrepräsentanz, sich in einen jungen Mann zu verlieben, verdrängt und der zugehörige Affekt unterdrückt wird.

Aber »die Rache« der verbotenen Liebe (ebd., S. 99) bestehe nun darin, dass sich der unterdrückte Affektbetrag in hysterische Beinschmerzen übersetze. Die Verdrängung stellt damit ein »Triebschicksal« dar (Freud 1915c, S. 219), bei der die Abkömmlinge des Selbsterhaltungstriebes die psychische Kraft zur Verfügung stellen, mit deren Hilfe Elisabeth ein realitätsgerechteres Verhalten durchzusetzen und sich anzupassen vermag. Dank des durch das Ich-Interesse durchgesetzten bewussten Willens schafft es Elisabeth, über die sexuellen Impulse zu triumphieren, die auf diese Weise unbewusst gemacht werden. Doch – wie gesagt – das Verdrängte rächt sich für seine Unterdrückung durch die Symptombildung, die Freud als eine »Wiederkehr des Verdrängten« beschreibt (Freud 1915b, S. 257).

Die Symptombildung lässt sich daher als Ausdruck eines (symptomatischen) Aufbegehrens der libidinösen Wünsche gegen die Unterdrückung durch die Ich-Interessen begreifen. Die triebtheoretische Rekonstruktion zeigt, wie sich die hysterische Symptomatik der Schmerzen in den Beinen und der Gehstörung auf einen inneren Konflikt zurückführen ließ, der durch die miteinander ringenden Triebkräfte bedingt war. Das erotische Begehren war so stark, dass Elisabeth mit dem jungen Mann *gehen* oder mit dem Schwager *davonlaufen* wollte. Aber die Schmerzen in den Beinen und die Gehbehinderung verurteilten sie dazu, das Bett im Haus ihrer Eltern zu hüten.

Wenn die Kranke eine Reihe von Schilderungen mit der Klage beendete, »sie habe dabei ihr ›Alleinstehen‹ schmerzlich empfunden«, ja, sie leide unter einem Gefühl der Hilflosigkeit, weil sie »nicht von der Stelle komme« (Freud 1895, S. 217), dann kann man mit Freud davon sprechen, dass auch Elisabeths Reflexionen Einfluss auf die Abasie (Gehunfähigkeit) nahmen, weil »ihre schmerzlich betonten Gedanken« einen »symbolischen Ausdruck« in den Körpersymptomen fanden (ebd.). Die Symptombildung stellt daher eine »Kompromissbildung« dar (Freud 1896, S. 387):

Zwar darf Elisabeth ihrer sexuellen Lust nicht nachgeben, aber die unterdrückte Sexualität entschädigt sich dadurch, dass sie sich aufgrund ihrer Erkrankung dem bewussten Interesse widersetzen kann, sich weiterhin selbstlos um Vater, Mutter und Schwester zu sorgen.

Dynamik, Ökonomie und Topik – zur Metapsychologie der Affekte

Indem Freud die Hysterie als das Resultat eines unlösbaren emotionalen Konflikts konzipierte, der sich wie bei Elisabeths Leiden unter dem Widerstreit von Verliebtheit und Schuldgefühlen als psychischer Ausdruck von Abkömmlingen des Sexual- und des Selbsterhaltungstriebs zurückführen ließ, entwickelte er aus der empirisch-klinischen Arbeit Kategorien, um seine Einsichten in die Wirkungsweise unbewusster Prozesse theoretisch zu begreifen.

Eben diese Theorie, mit deren Hilfe die hinter den Phänomenen des Bewusstseins verborgene Wirkungsweise des Unbewussten fassbar wurde, bezeichnete Freud als »Metapsychologie«. Von einer metapsychologischen Darstellung spricht er fortan, wenn es gelingt, »das Seelenleben von drei Gesichtspunkten, vom dynamischen, ökonomischen und topischen« zu betrachten (vgl. Freud 1926, S. 301f.). So erfasst die Metapsychologie das hinter der Neurose verborgene seelische Kräftespiel einander widerstreitender Affekte, die sich auf die in der Körperlichkeit des Menschen wurzelnden Triebe zurückführen lassen, die sich wiederum in die Vorstellungen des Bewusstseins übersetzen (Dynamik).

Zugleich berücksichtigt die Metapsychologie die quantitative Größe der Affekte, die von unterschiedlicher Heftigkeit sind und dem Lust-Unlust-Prinzip entsprechend nach Abfuhr der Erregung drängen, jedoch mit der Entwicklung des Realitätsprinzips aufschiebbar und sublimierbar werden (Ökonomie).

Zudem vermag die Metapsychologie zu beschreiben, welche Bedeutung die Affekte dadurch gewinnen, dass sie sich als unmittelbare Abkömmlinge der das Es beherrschenden unbewussten Triebregungen, als Folge der moralischen Gebote des Über-Ichs oder als Emotionen des Ichs erweisen, das die Eindrücke der Außenwelt bewusst verarbeitet und zwischen den psychischen Instanzen zu vermitteln sucht (Topik).

Die Metapsychologie erlaubt es daher, die Dynamik, das Kräftespiel und das strukturelle Zusammenspiel der Affekte des Individuums in der Spannung zwischen den verbal artikulierten Intentionen und Vorstellungen des Bewusstseins sowie den auf Körperbedürfnisse zurückführbare Triebregungen des Unbewussten zu begreifen.

Wenn Freud ausführt, dass »die Grundbegriffe« der Psychoanalyse »einen stetigen Inhaltswandel« erfahren (Freud 1915c, S. 211), dann hebt er darauf ab, dass solche Konstruktionen wie der Triebbegriff heuristische Konzepte sind, die mit jedem neuen Fortschritt in der empirisch-klinischen Forschung überprüft und überarbeitet werden (müssen). Ganz in diesem Sinne begreift Freud die Theorie von Sexual- und Selbsterhaltungstrieben als »eine bloße Hilfskonstruktion, die nicht länger festgehalten werden soll, als sie sich nützlich erweist, und deren Ersetzung durch eine andere an den Ergebnissen unserer beschreibenden und ordnenden Arbeit wenig ändern wird« (ebd., S. 217).

> »Die Trieblehre ist sozusagen unsere Mythologie. Die Triebe sind mythische Wesen, großartig in ihrer Unbestimmtheit. Wir können in unserer Arbeit keinen Augenblick von ihnen absehen und sind dabei nie sicher, sie scharf zu sehen« (Freud 1933, S. 101).

Bei einer Kategorie wie dem Triebbegriff handelt es sich daher um ein Konzept, das als Konstrukt Phänomene der empirisch-klinischen Praxis erklären soll. Zugleich wird dieses Konzept so »unbestimmt« wie möglich formuliert, um den Interpretationsprozess für das Neue offenzuhalten, das sich aus der empirisch-klinischen Arbeit entwickelt. Man kann daher davon sprechen, dass die Metapsychologie den methodologischen Status einer sozialwissenschaftlichen Konstruktion aufweist, die aus dem empirisch-klinischen Datenmaterial abgeleitet ist und die lebendige Erfahrung des sich im Interagieren des Analytikers mit dem Analysanden zutage tretenden Unbewussten fassbar macht.

Wer sich in einem Konflikt aufregt und seine Affekte »entlädt«, indem er sich »ausweint«, »austobt« oder ausspricht (vgl. Freud

1895, S. 87), sorgt aus metapsychologischer Perspektive dafür, dass »der seelische Apparat« seine triebökonomische Aufgabe erfüllen kann, »die von außen und von innen an ihn herantretenden Reizmengen, Erregungsgrößen, zu bewältigen und zu erledigen« (Freud 1916–1917b, S. 370). Wer sich dagegen wie Elisabeth von R. die Verliebtheit in einen jungen Mann oder die stille Liebe zum Schwager nicht eingesteht, weil sie mit den eigenen Verpflichtungen der Familie gegenüber unvereinbar erscheinen, ist zunächst einmal dazu gezwungen (dynamischer Aspekt), die moralisch anstößigen Impulse zu verdrängen. Aufgrund der Verdrängung sozial verpönter Vorstellungen und der Unterdrückung der entsprechenden Affekte leidet die Seele unter einem hohen Erregungsniveau (ökonomischer Aspekt).

> »Wir dürfen uns vorstellen, daß das Verdrängte einen kontinuierlichen Druck in der Richtung zum Bewußten hin ausübt, dem durch unausgesetzten Gegendruck das Gleichgewicht gehalten werden muß. Die Erhaltung einer Verdrängung setzt also eine beständige Kraftausgabe voraus, und ihre Aufhebung bedeutet ökonomisch eine Ersparung« (Freud 1915b, S. 253f.).

Wie das verdrängte Begehren nach einem Mann immer wieder bewusst werden will, so wehrt das Ich die sexuellen Impulse durch die Mobilisierung der Gegenkraft der Selbsterhaltungstriebe ab, damit das sozial Anstößige unbewusst bleibt. Da aber im Zuge dieser Aufgabe viel Energie der Selbsterhaltungstriebe gebunden wird, steht dem Ich im Alltag weniger Kraft zur aktiven Lebensbewältigung zur Verfügung, sodass es schwieriger wird, sich in neuen Konflikten zu behaupten.

Diese ökonomische Seite der Affekte zeigt sich auch im Verlaufe von Elisabeths Krankheit: Während sie nach der Verdrängung der Liebe zu dem jungen Mann nur kurze Zeit unter hysterischen Schmerzen in den Beinen litt, weil das Ich zu dieser Zeit noch stark genug war, trotz des stillen Leidens darauf zu vertrauen, irgendwann doch das eigene Glück zu finden, stellte sich Elisabeth zwei Jahre später als viel schwächer dar. Da sie sich auch die neue Liebe zum Schwager verbieten musste, wie sie der ersten Liebe zu einem jungen Mann entsagt hatte, fühlte sie sich auf einmal so ohnmächtig und hilflos, dass sie den Glauben daran verlor, ihr Unglück könnte sich noch einmal wenden. Erst in dieser Konfliktsituation gewann die Verdrängung der verbotenen Liebe ein solches Übergewicht über die noch verfügbaren Ressourcen, dass Elisabeth eine chronische Hysterie entwickelte.

Wenn man Freuds strukturelle Theorie von Es, Ich und Über-Ich mit einbezieht, trägt man mit dem topischen Gesichtspunkt auch dem dritten Aspekt einer metapsychologischen Betrachtung dieser Krankengeschichte Rechnung:

> »So vom Es getrieben, vom Über-Ich eingeengt, von der Realität zurückgestoßen, ringt das Ich um die Bewältigung seiner ökonomischen Aufgabe, die Harmonie unter den Kräften und Einflüssen herzustellen, die in ihm und auf es wirken« (Freud 1933, S. 84f.).

Da die ins Es verbannten Triebwünsche (verbotene Liebe) das Ich bedrängen, Elisabeth aufgrund ihrer anstößigen Wünsche unter Gewissensqualen leidet (Vorwürfe des Über-Ichs) und sich zugleich durch die Erwartungen von Vater, Mutter und Schwestern (Forderungen der Außenwelt) überfordert fühlt, um die sie sich ständig selbstlos sorgte, entsteht ein hohes psychisches Erregungsniveau, dem entsprechend sich das Ich der Energie der Selbsterhaltungstriebe bedient, um die erotischen Vorstellungen zu verdrängen und die dazugehörigen Affektbeträge in die hysterischen Schmerzen der Beine und der Gehbehinderung zu konvertieren. Zwar hat Elisabeth es sich zweimal versagt, mit einem geliebten Mann fortzu*gehen*, aber fortan weigert sie sich, hinter all den Familienmitgliedern herzu*laufen*, um die sie sich stets so überfürsorglich gekümmert hatte.

Wie sich das hohe Erregungsniveau des Ichs wieder herabsetzen lässt, zeigt die analytische Behandlung. Die Therapie von Elisabeth von R. verschaffte der verdrängten Vorstellung des erotischen Begehrens und dem unterdrückten Affekt, der sich in die körperliche Symptombildung konvertierte, durch die Sprache eine Möglichkeit zur kathartischen Abfuhr. Wird die schmerzliche Erfahrung, die dem ersten Auftreten der Hysterie zugrunde liegt, »so lebhaft als möglich« erinnert und wiedererlebt (Freud 1895, S. 85), verschwinden die noch einmal in aller Intensität auftretenden Symptome. Erst als Elisabeth die Hemmung überwand, über die Verliebtheit in den jungen Mann und über die stille Liebe zum Schwager zu sprechen und dabei noch einmal die Körperschmerzen zu spüren, die mit der Erinnerung verbunden waren, löste sich die hysterische Symptomatik auf.

Die Psychoanalyse erweist sich daher eben deshalb als eine von Anna O. so bezeichnete »talking cure«, weil sie den Patientinnen und Patienten durch das Aussprechen eine Möglichkeit zum Abreagieren der seelischen Schmerzen gibt. Und das heißt triebökonomisch, dass die durch Verdrängung der anstößigen Vorstellung und durch die Unterdrückung des in das hysterische Symptom übersetzten Affekts ein hohes Erregungsniveau besteht, das durch das Sprechen darüber abgeführt wird.

Zusammenfassend heißt das, dass seelische Gesundheit oder Krankheit weitgehend von der Fähigkeit des Ichs abhängt, »mit seinen verschiedenen herrschenden Instanzen« fertig zu werden (Freud 1924b, S. 391). Unter welchen Bedingungen es dem Ich gelingt, »aus solchen gewiß immer vorhandenen Konflikten ohne Erkrankung zu entkommen [...], wird unzweifelhaft von ökonomischen Verhältnissen, von den relativen Größen der miteinander ringenden Strebungen abhängen« (ebd.). Das bedeutet aber auch, dass Freud im Unterschied zu den Psychiatern des 19. Jahrhunderts davon überzeugt war, dass zwischen Gesundheit und psychischer Erkrankung kein qualitativer Unterschied, sondern lediglich eine quantitative Differenz besteht.

Die Zwangsneurose des »Rattenmanns« – von Lebens- und von Todestrieben

Die Krankengeschichte des sogenannten »Rattenmanns« gilt als die erste Psychoanalyse, »die sich wirklich an die Methode des freien Einfalls hielt« (Stroeken 1985, S. 94). Wie man dem Buch von Patrick Mahony (1986) entnehmen kann, verbirgt sich hinter dem Rattenmann ein Jurist mit dem Namen Ernst Lanzer, der zu Therapiebeginn 29 Jahre alt war. Er suchte Freud zum ersten Mal am 1. Oktober 1907 wegen eines »heftigen Panikanfalls während einer Truppenübung« auf, »an der er als Reserveoffizier hatte teilnehmen müssen« (Stroeken 1985, S. 79).

Lanzer eröffnete das Gespräch damit, »an Zwangsvorstellungen schon seit seiner Kindheit, besonders stark aber seit vier Jahren«

zu leiden (Freud 1909a, S. 384). Vor allem befürchte er, »daß zwei Personen, die er sehr liebe, etwas geschehen werde, dem Vater und einer Dame, die er verehre« (ebd.). Er verspüre Zwangsimpulse wie den, »sich mit dem Rasiermesser den Hals abzuschneiden, und produziere Verbote, die sich auch auf gleichgültige Dinge beziehen« (ebd.). Durch den Kampf gegen diese Ideen habe er Jahre verloren. Sein Sexualleben sei »kümmerlich«, Onanie »im 16. oder 17. Jahre [...]; erster Koitus mit 26 Jahren« (ebd.).

Nachdem Freud dem Patienten in der ersten therapeutischen Sitzung die Regel der freien Assoziation erläutert hatte, schilderte Lanzer nach einer Reihe von Einfällen sexuelle Erfahrungen der frühen Kindheit. Er erinnerte aus dem Alter von vier oder fünf Jahren eine Szene am Abend, in der er »eine sehr schöne, junge Gouvernante, Fräulein Peter«, auf dem Sofa bat, »unter ihre Röcke zu kriechen« (ebd., S. 386).

> »Sie erlaubte es, wenn ich niemand etwas davon sagen würde. Sie hatte wenig an und ich betastete sie an den Genitalien und am Leibe, der mir kurios vorkam. Seitdem blieb mir eine brennende, peinigende Neugierde, den weiblichen Körper zu sehen« (ebd.).

Gespannt wartete er fortan im Bad darauf, »bis das Fräulein ausgekleidet ins Wasser stieg« (ebd.). Aus dem Alter von sechs Jahren schilderte Lanzer sodann, wie er Fräulein Lina beobachtete, die »auch jung und schön« war und die sich abends »Abszesse am Gesäß [...] auszudrücken pflegte« (ebd.). Als Fräulein Lina einmal der Köchin erzählte, dass man »das schon machen« könnte mit seinem Bruder, er aber »zu ungeschickt« sei, habe er zu weinen angefangen (ebd., S. 387).

> »Lina tröstete mich und erzählte mir, dass ein Mädchen, welches etwas derartiges mit einem ihr anvertrauten Buben gemacht hatte, für mehrere Monat eingesperrt worden sei. [...] Wenn ich zu ihr ins Bett kam, deckte ich sie auf und rührte sie an, was sie sich ruhig gefallen ließ« (ebd.).

In diesem Alter habe er so sehr »an Erektionen gelitten«, dass er sich einmal darüber bei der Mutter beklagt habe. Er habe »damals eine Zeitlang die krankhafte Idee« entwickelt, »die Eltern wüßten meine Gedanken, was ich mir so erklärte, daß ich sie ausgesprochen, ohne es aber selbst zu hören« (ebd.). Wenn ihm Mädchen gefielen, wünschte er sich »dringendst«, sie nackt zu sehen, hatte aber zugleich »ein unheimliches Gefühl, als müßte etwas geschehen, wenn ich das dächte, und ich müßte allerlei tun, um es zu verhindern« (ebd.). Auf Freuds Frage hin erwiderte er, er habe gedacht, dass der Vater sterben würde, was ihn »sehr traurig gestimmt« habe (ebd.).

Was Lanzer in der ersten Sitzung der Behandlung aus dem sechsten oder siebten Lebensjahr erzählte, stellte Freud zufolge schon »eine vollständige Zwangsneurose« dar: »Unter der Herrschaft einer sexuellen Triebkomponente, der Schaulust«, trete immer wieder der »Wunsch« auf, »weibliche Personen, die ihm gefallen, nackt zu sehen« (ebd., S. 388). Doch zugleich regte sich gegen den Wunsch »ein peinlicher Affekt«, eine sich gegen den »Zwangswunsch« wendende »Zwangsbefürchtung«, der Gedanke nämlich, »es werde etwas Schreckliches geschehen« (ebd.). Die das Kind mit dem Auftauchen der Schaulust zugleich einholende Angst, der Vater müsse nun sterben, nehme »die Färbung des Unheimlichen, Abergläubischen an« (ebd., S. 389). Warum aber das Kind diese Zwangsbefürchtung entwickelte, blieb verborgen. Freud nahm an, dass vor dem sechsten Lebensjahr »traumatische Erlebnisse« vorgefallen waren, »die selbst der Amnesie verfielen« (ebd., S. 390).

Affektambivalenzen

In der zweiten Sitzung erzählte Lanzer von dem Anlass, weshalb er Freud aufsuchte. Als er im August als Reserveoffizier an einem Manöver teilgenommen habe, habe er einen »Hauptmann mit tschechischem Namen« kennengelernt, vor dem er »eine gewisse Angst« entwickelt habe, weil er »das Grausame« liebte (ebd., S. 391). Da dieser Hauptmann »wiederholt für die Einführung der Prügelstrafe« eintrat, habe er ihm »energisch widersprechen müssen« (ebd.). Auf einer Rast bei einem Marsch habe dieser Hauptmann von einer »besonders schrecklichen Strafe im Orient« erzählt (ebd.). Nach der Überwindung erheblicher Widerstände berichtete Lanzer von der Rattenstrafe:

> »[…] der Verurteilte werde angebunden […] – über sein Gesäß ein Topf gestülpt, in diesen Ratten eingelassen, die sich – er war wieder aufgestanden und gab alle Zeichen des Grausens und Widerstandes von sich – einbohrten. In den After, durfte ich [Freud] ergänzen« (ebd., S. 392).

Freud beobachtete »bei allen wichtigeren Momenten der Erzählung […] einen sehr sonderbar zusammengesetzten Gesichtsausdruck, den ich nur als Grausen vor seiner ihm selbst unbekannten Lust auflösen kann« (ebd.). Auf Freuds Frage hin berichtete Lanzer nach anfänglichem Zögern, er müsse daran denken, die Rattenstrafe werde an seiner Freundin und an seinem Vater vollzogen. Vor beiden Zwangsgedanken versuchte er sich durch den Gebrauch zweier Schutzformeln zu schützen: Mit »einem ›aber‹, das von einer wegwerfenden Handbewegung begleitet war, und mit der Rede ›Was fällt dir denn ein‹« (ebd.).

Sodann erzählte Lanzer, dass derselbe Hauptmann ihm am darauf folgenden Tag ein Päckchen mit einem neuen Zwicker überreicht habe, den er bei seinem Optiker in Wien bestellt hatte. Denn er hatte seinen Zwicker bei der Rast verloren, während der der Hauptmann von der Rattenstrafe erzählt hatte. Der Hauptmann mit dem tschechischen Namen erklärte ihm, er solle Oberleutnant A. die Summe von 3,80 Kronen zurückgeben, die dieser für die Nachnahmesendung ausgelegt habe. Lanzer aber dachte augenblicklich, das Geld bloß nicht zurückzugeben, weil sich sonst die Rattenstrafe am Vater und an seiner Freundin verwirkliche. Um diesen Zwangsgedanken zu bekämpfen, legte er halblaut den Eidschwur ab, dem Oberleutnant A. das Geld auf jeden Fall zurückzugeben (vgl. ebd., S. 393).

Als er ihm einige Tage später das Geld zurückgeben wollte, erwiderte Oberleutnant A., dass nicht er das Geld ausgelegt habe, sondern Oberleutnant B. Lanzer reagierte betroffen und verwirrt darüber, nun seinen Eid nicht halten zu können, und spielte verschiedene abstruse Möglichkeiten durch, wie er mit Oberleutnant A. zur Post gehen und ihm – auf dem Umweg über das Postfräulein – das Geld dem Wortlaut des Eides entsprechend zurückgeben könnte. Am Ende dieser Sitzung war Lanzer derart verwirrt, dass er Freud mehrmals mit »Herr Hauptmann« ansprach (ebd., S. 394).

Wie Lanzer in der dritten Sitzung berichtete, hätten ihm in der Nacht nach dem Schwur die miteinander kämpfenden Vorwürfe eine schlaflose Nacht bereitet: Er sei zu feige, um den Oberleutnant A. um die »Unbequemlichkeit« zu bitten, mit ihm das Postamt aufzusuchen. Er sei zu feige, den Eid auszuführen, weil er sich nur »Ruhe vor seinen Zwangsvorstellungen« verschaffen wolle (ebd., S. 395).

Obgleich er nach dem Ende der Waffenübung immer wieder aus dem Zug aussteigen und den Zug zurück nehmen wollte, um doch noch mit Oberleutnant A. das Postamt aufzusuchen, blieb Lanzer im Zug nach Wien sitzen. Als er dort ankam, klagte er sein Leid einem Freund, der ihn beruhigte. Am folgenden Tag ging dieser mit ihm zur Post, um die 3,80 Kronen an das Postamt zu schicken, wo das Zwickerpaket angekommen war.

Daraufhin meinte Freud, dass Lanzer anscheinend doch gewusst habe, dass gar nicht Oberleutnant A. das Geld für die Nachnahme ausgelegt hatte, sondern ein Postbeamter. Da erinnerte sich Lanzer, dass er vor dem Gespräch mit dem »grausamen Hauptmann« schon mit einem anderen Hauptmann gesprochen hatte, »der ihm den richtigen Sachverhalt mitgeteilt hatte«, dass das Postfräulein die Gebühr selbst mit den Worten ausgelegt hatte, »sie habe Zutrauen zu dem unbekanten Leutnant«, der das Zwickerpaket bestellt habe (ebd., S. 397). Obgleich Lanzer wusste, dass der grausame Hauptmann sich irrte, dass Oberleutnant A. 3,80 Kronen ausgelegt hatte, »leistete er den auf diesen Irrtum gegründeten Schwur, der ihm zur Qual werden mußte« (ebd.).

In der darauf folgenden Sitzung erzählte Lanzer ausführlich vom Tod des Vaters, der neun Jahre zuvor verstorben war. Er warf sich vor, dass er sich um 23.30 Uhr für eine Stunde zu Bett legte und nach dem Erwachen um 1 Uhr damit konfrontiert wurde, dass der Vater gestorben war. Jedoch realisierte er »lange Zeit die Tatsache seines Todes« nicht (ebd., S. 399). Wenn er einen guten Witz hörte, wollte er ihn dem Vater erzählen. Wurde an die Tür geklopft, dachte er, der Vater käme herein. Erst anderthalb Jahre später, als eine Tante beerdigt wurde, erinnerte er sich seines Versäumnisses, das Sterben des Vaters verschlafen zu haben, und begann sich »entsetzlich zu quälen, so daß er sich als Verbrecher behandelte« (ebd.).

Freud konfrontierte Lanzer damit, dass »die Größe des Vorwurfs«, er sei ein Verbrecher, nicht zum »Anlaß des Vorwurfs« passe, beim Tod des Vaters nicht zugegen gewesen zu sein. Zu vermuten sei, dass sein Selbstvorwurf, »ein Verbrecher gegen den Vater zu sein« (ebd.), auf »verdrängte« Erfahrungen der Kindheit zurückzuführen sei (ebd., S. 401). In der nächsten Sitzung erzählte Lanzer, mit zwölf Jahren »ein kleines Mädchen« geliebt »zu haben, das »aber mit ihm nicht so zärtlich war, wie er es wünschte. Und da kam ihm die Idee, daß sie liebevoll mit ihm sein würde, wenn ihn ein Unglück träfe; als solches drängte sich ihm der Tod des Vaters auf« (ebd., S. 402).

Gegen Freuds Deutung, dass es sich hierbei um einen Wunsch handeln könnte, wehrte Lanzer sich entschieden. Zugleich fiel ihm ein, dass er ein halbes Jahr vor dem Tod des Vaters aus heiterem Himmel etwas Ähnliches gedacht habe. »Er war bereits in jene Dame verliebt, konnte aber wegen materieller Hindernisse nicht an eine Verbindung denken. Da habe die Idee gelautet: Durch den Tod des Vaters werde er vielleicht so reich werden, dass er sie heiraten könne« (ebd., S. 403). Diese Vorstellung wehrte er sogleich durch den Wunsch ab, »der Vater solle gar nichts hinterlassen, damit kein Gewinn diesen für ihn entsetzlichen Verlust kompensiere« (ebd.).

Mit dem Hinweis darauf, »daß das Unbewußte der kontradiktorische Gegensatz des Bewußten« sei, hob Freud darauf ab, dass der Angst um den Vater wohl ein »verdrängter Wunsch« entspreche (ebd.). Bewegt und zugleich ungläubig, erwiderte Lanzer, den Vater doch über alles zu lieben. Freud erwiderte, »gerade diese intensive Liebe sei die Bedingung des verdrängten Hasses« (ebd.).

Nachdem Freud Lanzer derart mit seiner Gefühlsambivalenz dem Vater gegenüber konfrontiert hatte, stellte der Patient fest, seine Freundin zwar sehr geliebt zu haben, »aber eigentlich sinnliche Wünsche, wie sie seine Kindheit erfüllten, hätten sich in Bezug auf sie nie geregt« (ebd., S. 405). Seine »sinnlichen Regungen seien in der Kindheit überhaupt viel stärker gewesen als zur Zeit der Pubertät« (ebd.). Freud nutzte diesen Einfall, um eine weitere Vermutung anzustellen: Es sei doch anzunehmen, dass die von ihm vermuteten feindseligen Gefühle dem Vater gegenüber irgendwie mit den »sinnlichen Begierden« des Kindes zusammenhingen und durch den Vater »irgendwie« gestört worden seien (ebd.).

Nachdem »die vorzeitige Explosion seiner Sinnlichkeit« durch das Eingreifen des Vaters »erheblich gedämpft« worden sei, habe sich die Feindseligkeit gegen den Vater erst wieder eingestellt, als er »sich wieder intensiv verliebt« habe (ebd.).

Freud schloss die Sitzung durch die »Konstruktion« ab, dass der Wunsch, »den Vater als Störer zu beseitigen«, vor dem sechsten Lebensjahr entstanden sein müsste, als er eine andere »sinnlich begehrte Person« liebte (ebd., S. 406).

Wie sich »Zwangstätigkeiten« (ebd., S. 412) dechiffrieren lassen, »indem man erforscht, wann die einzelne Zwangsidee zuerst aufgetreten ist, und unter welchen Umständen sie sich zu wiederholen pflegt« (ebd., S. 409), illustriert das folgende Beispiel aus Lanzers Krankengeschichte.

> »Am Tage, als sie [die Freundin] abreiste, stieß er mit dem Fuße gegen einen auf der Straße liegenden Stein und *mußte* ihn nun auf die Seite räumen, weil ihm die Idee kam, in einigen Stunden werde ihr Wagen auf derselben Straße fahren und vielleicht an diesem Stein zu Schaden kommen, aber einige Minuten später fiel ihm ein, das sei doch ein Unsinn, und er *mußte* nun zurückgehen und den Stein wieder an seine frühere Stelle mitten auf der Straße legen« (ebd., S. 412).

Lanzer drückte der Freundin gegenüber seinen »Kampf zwischen Liebe und Haß« durch eine »zweizeitige Zwangshandlung« aus, indem er den Stein zuerst aus dem Weg räumte und dann »diese Liebestat wieder rückgängig« machte, »damit ihr Wagen an ihm scheitere und sie zu Schaden komme« (ebd., S. 413f.). Der »Konflikt« zwischen »gegensätzlichen Regungen« wurde so dargestellt, dass »die beiden Gegensätze, jeder einzeln, befriedigt« wurden, »zuerst der eine und dann der andere« (ebd., S. 414).

Im weiteren Verlauf der Analyse wurden die gegensätzlichen Charakterzüge des Vaters deutlich: Einerseits schilderte Lanzer den Vater als »besten Freund«, der sich durch einen »herzlichen Humor und eine gütige Nachsicht gegen seine Mitmenschen« auszeichnete (ebd.). Andererseits konnte er »jäh und heftig sein«, was für die Kinder, »solange sie klein und schlimm waren«, gelegentlich »empfindliche Züchtigungen« zur Folge hatte (ebd.). Sowohl seine »Vorliebe für derbe Ausdrücke« als auch seine Strafmaßnahmen lassen sich dadurch erklären, dass er »vor der

Heirat Unteroffizier gewesen« war (ebd.). Zu vermuten ist daher, dass Lanzer den Vater nicht nur geliebt, sondern ihn auch wegen seiner Grobheit und Gewalt gehasst hat.

Aggressiv-feindselige Impulse gegen den Vater ließen sich nun in verschiedenen Szenen entdecken. So wünschte Lanzer sich mit zwölf Jahren, »der Vater möge sterben, damit ein gewisses Mädchen, durch Mitleid erweicht, zärtlicher gegen ihn werde« (ebd.). Und als er mit 26 Jahren »zum ersten Male die Lustempfindung eines Koitus erfuhr«, da drängte sich ihm »die Idee auf: das ist doch großartig; dafür könnte man seinen Vater ermorden!« (ebd., S. 423).

Sodann analysierte Freud das merkwürdige Onanieverhalten des Patienten: Zwar onanierte er nicht in der Pubertät, aber »der Drang zur onanistischen Betätigung« trat mit 21 Jahren auf, »kurze Zeit nach dem Tode des Vaters« (ebd., S. 424). »Sehr beschämt nach jeder Befriedigung«, verzichtete Lanzer bald wieder auf die Onanie, die er nur noch in sehr schönen Augenblicken praktizierte, zum Beispiel als er »an einem schönen Sommernachmittag einen Postillon in der Innern Stadt so herrlich blasen hörte, bis ein Wachmann es ihm untersagte« (ebd., S. 425). Freud fiel auf, dass das Besondere dieser Szene darin bestand, dass ein Verbot ausgesprochen wurde, über das Lanzer sich hinwegsetzte. Noch sonderbarer war die Fantasie, die er als Student mit dem verstorbenen Vater inszeniert hatte:

> »Er richtete es sich damals so ein, daß sein Studium auf die spätesten Nachtstunden fiel. Zwischen 12 und 1 Uhr nachts unterbrach er sich, öffnete die auf die Hausflur führende Tür, als ob der Vater davor stünde, und betrachtete dann, nachdem er zurückgekommen war, im Spiegel des Vorzimmers seinen entblößten Penis. Dies tolle Treiben wird unter der Voraussetzung verständlich, daß er sich so benahm, als ob er den Besuch des Vaters um die Geisterstunde erwartete. Zu seinen Lebzeiten war er eher ein fauler Student gewesen, worüber sich der Vater oft gekränkt hatte. Nun sollte er Freude an ihm haben, wenn er als Geist wiederkam und ihn beim Studieren traf. An dem anderen Teile seines Tuns konnte der Vater aber unmöglich Freude haben; damit trotzte er ihm also und brachte so in einer unverstandenen Zwangshandlung die beiden Seiten seines Verhältnisses zum Vater nebeneinander zum Ausdrucke [...]« (ebd., S. 425f.).

Unter dem Eindruck dieser Szenen, welche die Sexualität mit dem Vater verknüpften, wagte Freud »die Konstruktion«, Lanzer »habe als Kind im Alter von 6 Jahren irgend eine sexuelle Missetat im Zusammenhange mit der Onanie begangen und sei dafür vom Vater empfindlich gezüchtigt worden« (ebd., S. 426). Zwar hätte die Strafe die Onanie beendet, jedoch habe sie zugleich »einen unauslöschlichen Groll gegen den Vater« erzeugt und »dessen Rolle als Störer des sexuellen Genusses für alle Zeiten fixiert« (ebd.).

Daraufhin erzählte Lanzer, dass die Mutter ihm wiederholt von einem solchen Vorfall aus der Kindheit erzählt habe. Im Alter von drei oder vier Jahren habe er einmal die Kinderfrau gebissen. Als der Vater ihn daraufhin geprügelt habe, sei er in eine »schreckliche Wut« geraten. Da er noch keine Schimpfwörter kannte, habe er den Vater mit allen möglichen Worten »beschimpft: du Lampe, du Handtuch, du Teller usw. Der Vater hielt erschüttert über diesen elementaren Ausbruch im Schlagen inne und äußerte: Der Kleine da wird entweder ein großer Mann oder ein großer Verbrecher!« (ebd.). Zwar habe der Vater ihn nie wieder geprügelt, aber »aus Angst vor der Größe seiner Wut sei er von da an feige geworden« (ebd., S. 427).

Wie plausibel Freuds Deutung auch erschien, Lanzer rechtfertigte seinen Widerstand, »an die prähistorisch erworbene und später latent gewordene Wut gegen den geliebten Vater zu glauben« (ebd., S. 428), mit der Entgegnung, »er erinnere sich doch nicht selbst daran« (ebd., S. 429). Überzeugen ließ er sich erst, als er den Konflikt in der Übertragung reinszenierte. Denn als er Freud »in Träumen, Tagesphantasien und Einfällen aufs gröblichste und unflätigste beschimpfte«, obgleich er ihm »die größte Ehrerbietung entgegenbrachte«, und als er aus Angst, von Freud geprügelt zu werden, von der Couch aufstand und im Zimmer herumlief, erinnerte er, »daß der Vater jähzornig gewesen war und in seiner Heftigkeit manchmal nicht mehr wußte, wieweit er gehen durfte« (ebd.).

Nachdem er emotional realisierte, welche Wut er auf den Vater gehabt hatte, teilte er eine ganze Reihe von Szenen mit, die zur Enträtselung der Rattenstrafe beitrugen: Als er als Reserveoffizier an einer Waffenübung teilnahm, befand er sich, »wie jedesmal im militärischen Verhältnisse, in einer unbewußten Identifizierung mit dem Vater, der selbst durch mehrere Jahre gedient hatte und vieles aus seiner Soldatenzeit zu erzählen pflegte« (ebd., S. 430). Die Ratte wurde daher zu einem Symbol für verschiedenste Sinnzusammenhänge, von denen nur die folgenden erwähnt werden sollen:

- Die Ratte ist »ein schmutziges Tier, das sich von Exkrementen nährt und in Kanälen lebt, die den Abfall führen« (ebd., S. 433). Daher provozierte die Rattenstrafe unbewusst das Wiedererleben analer Erfahrungen im Alter von zwei bis vier Jahren. Denn das Wühlen der Ratten im After weckte die verdrängte Erinnerung an die Spulwürmer im eigenen Kot, unter denen Lanzer als Kind gelitten hatte.
- Da sich die Ratte als »Träger gefährlicher Krankheiten« mit der damals beim Militär verbreiteten »Angst vor syphilitischer Infektion« verknüpfte (ebd.), wurde die Ratte im Unbewussten von Lanzer auch mit dem Penis gleichgesetzt, sodass die Rattenstrafe auch die ödipale Angst vor Bestrafung wegen der Lust des Sexualverkehrs weckte.
- Mit der Ratte verband Lanzer zudem, »daß sie mit scharfen Zähnen nagt und beißt« (ebd., S. 435), weshalb sie von den Menschen, »wie er oft mit Grausen gesehen hatte, grausam verfolgt und schonungslos erschlagen« wird (ebd.). »Oft hatte er Mitleid mit solchen armen Ratten verspürt. Nun war er selbst ein so ekelhafter, schmutziger, kleiner Kerl gewesen, der in der Wut um sich beißen konnte und dafür fürchterlich gezüchtigt worden war« (ebd.). Die Ratte wurde damit auch zum Symbol für den kleinen gierigen Jungen, der zubeißen konnte und eine mörderische Wut auf den gewalttätigen Vater entwickelt hatte.
- Der Vater war eine »Spielratte«, ein leidenschaftlicher Kartenspieler, der »eine kleine Summe Geldes, über die er als Unteroffizier verfügen sollte, im Kartenspiele verloren« hatte (ebd., S. 430). Dem Sohn war »die Erinnerung an diese Jugendsünde des Vaters […] peinlich«, weil er dem »hilfreichen Kameraden« das Geld nie zurückgab, obwohl er später »wohlhabend« wurde (ebd.). Die Worte des Hauptmanns mit dem tschechischen Namen, Lanzer müsste Oberleutnant A. die Summe von 3,80 Kronen zurückzahlen, weckten in ihm tiefe Gefühle von Scham und Schuld, mit denen er aufgrund der unbewussten Identifizierung mit dem Vater reagierte, der seine Spielschulden nie bezahlt hatte.

Vor dem Hintergrund dieser Einfälle und Szenen wurde es möglich, zu verstehen, wie sich die Zwangsgedanken entwickelt hatten: Da der Hauptmann mit dem tschechischen Namen für die Wiedereinführung der *Prügelstrafe* plädierte, eine Auffassung, der Lanzer energisch widersprach, wurde der Vorgesetzte unbewusst als Neuauflage des jähzornigen Vaters erlebt, der ihn in der Kindheit *geprügelt* hatte. Als der Hauptmann von der Rattenstrafe erzählte, reagierte Lanzer zwar auf der bewussten Erlebnisebene mit Angst und Entsetzen, auf der unbewussten Erlebnisebene sympathisierte er jedoch mit den Ratten. Denn als Kind war er selbst eine *kleine Ratte* gewesen, welche die Kinderfrau gebissen hatte und dafür vom Vater streng bestraft worden war. Da das Auftreten des grausamen Hauptmanns das Wiederauftauchen der unbewussten Wut auf den Vater provozierte, wünschte Lanzer sich, dass am Vater die Rattenstrafe vollzogen würde (vgl. ebd., S. 435f.). Als der grausame Hauptmann ihm das Päckchen mit dem Zwicker überreichte, wusste er bereits, dass nicht Oberleutnant A., sondern das Postfräulein das Geld ausgelegt hatte. Aber da er dem Vater und der Freundin die Rattenstrafe gewünscht hatte, musste er sich bestrafen; »und die Bestrafung bestand in dem Auferlegen eines unmöglich zu erfüllenden Eides«, mit dem er sich anschließend quälte. Zugleich rebellierte er gegen den selbst auferlegten Schwur, indem er das Geld für die Nachnahme nicht beglich.

Die Zwangserkrankung als Lösung affektiver Konflikte

Wie begreift Freud nun die entstandene Zwangsneurose theoretisch?

Lanzer erkrankte an einer Zwangsneurose, »als er vor die Versuchung gestellt wurde, ein anderes Mädchen als die von ihm längst Geliebte zu heiraten« (Freud 1909a, S. 453).

> »Das Schwanken zwischen der Geliebten und der anderen läßt sich auf den Konflikt zwischen dem Einfluß des Vaters und der Liebe zur Dame reduzieren, also auf eine Konfliktwahl zwischen Vater und Sexualobjekt [...]« (ebd.).

Sowohl die Beziehung zur Freundin als auch die Beziehung zum Vater waren durch einen unauflösbaren »Widerstreit zwischen Liebe und Haß« bestimmt (ebd.). Die ambivalenten Gefühle der Freundin gegenüber fielen »zum großen Teile in seine bewusste Wahrnehmung« (ebd., S. 454). Denn die Freundin hatte »ihm durch eine erste Abweisung und durch spätere Kühle Grund zu feindseligen Gefühlen« gegeben, die sich im Widerstreit mit seinen zärtlichen Gefühlen befanden (ebd., S. 453f.). Dagegen war Lanzer die dem Vater gegenüber empfundene Gefühlsambivalenz nicht bewusst, weil »die einst intensiv bewußt gewesene Feindseligkeit gegen den Vater ihm längst entrückt« war (ebd., S. 454).

Freud betrachtet die »Verdrängung des infantilen Hasses gegen den Vater« als Ursache der Zwangsneurose. Den »unbewußten Haß« (ebd.) des Zwangsneurotikers führt Freud auf die »sadistische Komponente der Libido« zurück, die vermutlich »konstitutionell besonders stark entwickelt gewesen« sei und »darum eine vorzeitige und allzu gründliche Unterdrückung erfahren« habe (ebd., S. 456). Die »beobachteten Phänomene der Neurose« würden sich daher »einerseits von der durch Reaktion in die Höhe getriebenen bewußten Zärtlichkeit, anderseits von dem im Unbewußten als Haß fortwirkenden Sadismus« ableiten (ebd.).

Wenn aber »einer intensiven Liebe ein fast ebenso starker Haß« entgegenwirke, dann stelle sich »eine partielle Willenslähmung« ein, »eine Unfähigkeit zur Entschließung in all den Aktionen, für welche die Liebe das treibende Motiv sein soll« (ebd., S. 456f.). Diese zunächst in einer Liebesbeziehung auftretende »Unentschlossenheit« oder »Entschlußlähmung« breite sich »allmählich über das gesamte Tun des Menschen aus« (ebd., S. 457). Der »Zweifel«, der »bei jeder beabsichtigten Handlung sich des Kranken bemächtigt«, entspreche »der innern Wahrnehmung der Unentschlossenheit« (ebd.).

> »Der Zwang aber ist ein Versuch zur Kompensation des Zweifels und zur Korrektur der unerträglichen Hemmungszustände, von denen der Zweifel Zeugnis ablegt. Ist es endlich mit Hilfe der Verschiebung gelungen, irgendeinen der gehemmten Vorsätze zum Entschluß zu bringen, so muß dieser ausgeführt werden; es ist freilich nicht der ursprüngliche mehr, aber die dort aufgestaute Energie wird auf die Gelegenheit, an der Ersatzhandlung ihre Abfuhr zu finden, nicht mehr verzichten. Sie

> äußert sich in Geboten und Verboten, indem bald der zärtliche, bald der feindselige Impuls diesen Weg zur Abfuhr erobert« (ebd., S. 459).

Gerade weil Lanzer sich aufgrund des unlösbaren Konflikts von Liebe und Hass weder für noch gegen die Freundin entscheiden konnte, entlastete er sich durch eine Zwangshandlung, indem er beispielsweise aus Fürsorglichkeit den Stein aus dem Weg räumte, an dem ihr Wagen hätte Schaden nehmen können, und anschließend den Stein wieder auf den Weg legte, um auch seiner Feindseligkeit Geltung zu verschaffen. Und da der von der Rattenstrafe erzählende Hauptmann das Wiederauftauchen der unbewältigten Ambivalenz von Liebe und Hass dem Vater gegenüber provozierte, entlastete er sich in Gegenwart des Vorgesetzten durch eine Zwangshandlung, bei der er im ersten Schritt pflichtbewusst schwor, die Geldsumme zurückzugeben, und im zweiten Schritt gegen ihn rebellierte, indem er sich über den selbst auferlegten Eid hinwegsetzte. So kommen Zwangshandlungen dadurch zustande, »daß in ihnen eine Art Versöhnung der beiden einander bekämpfenden Impulse in Kompromißbildungen« stattfinden (ebd., S. 460).

Dass »Haß und Analerotik in der Symptomatologie der Zwangsneurose« eine besondere Rolle spielen (Freud 1913, S. 447), führt Freud auf Triebschicksale der »prägenitale[n] sadistisch-analerotische[n] Stufe« der Sexualentwicklung zurück, die für diese Symptomatik besonders disponiere (ebd., S. 450).

Freud fragt sich, wie sich aber der für die Zwangsneurose so charakteristische Gegensatz von Liebe und Hass begreifen lässt, wenn man von der Unterscheidung von »Ichtrieben und Sexualtrieben« ausgeht (Freud 1915c, S. 230). Zunächst einmal hält er fest, dass »die Beziehungen Liebe und Haß [...] nicht für die Relationen der Triebe zu ihren Objekten verwendbar« seien, »sondern für die Relation des Gesamt-Ichs zu den Objekten reserviert« werden sollten (ebd., S. 229). Damit hebt er darauf ab, dass Liebe und Hass »nicht als Triebe, sondern als Affekte oder Objektrelationen des Ichs vorzustellen seien« (Nagera 1969–1970, S. 38).

Während man »das Lieben [...] als den Ausdruck der ganzen Sexualstrebung ansehen« könne (Freud 1915c, S. 225), die »alle Partialtriebe der Sexualität unter dem Primat der Genitalien und im Dienste der Fortpflanzungsfunktion« integriere (ebd.,

S. 230), lasse sich der Hass, der »mit Zerstörungsabsichten alle Objekte« verfolgt, »die ihm zur Quelle von Unlustempfindungen werden, […] aus dem Ringen des Ichs um seine Erhaltung und Behauptung« erklären (ebd.). Während sich also der Sexualtrieb zunächst an den Selbsterhaltungstrieb anlehne, solange »Einverleiben oder Fressen« noch »eine Art der Liebe« darstellen, trete »auf der höheren Stufe der prägenitalen sadistisch-analen Organisation […] das Streben nach dem Objekt in der Form des Bemächtigungsdranges auf, dem die Schädigung oder Vernichtung des Objektes gleichgültig ist« (ebd., S. 231): Aber erst »mit der Herstellung der Genitalorganisation ist die Liebe zum Gegensatz vom Haß geworden« (ebd.).

> »Als Äußerung der durch Objekte hervorgerufenen Unlustreaktion bleibt [d]er [Hass] immer in inniger Beziehung zu den Trieben der Icherhaltung, so daß Ichtriebe und Sexualtriebe leicht in einen Gegensatz geraten können, der den von Hassen und Lieben wiederholt. Wenn die Ichtriebe die Sexualfunktion beherrschen wie auf der Stufe der sadistisch-analen Organisation, so leihen sie auch dem Triebziel die Charaktere des Hasses« (ebd.).

So entwickelt Freud die Auffassung, dass der Affekt des Hasses nicht reaktiv aus enttäuschter Liebe entstehe, vielmehr spiegeln Liebe und Hass die »häufigen Konflikte zwischen Ich- und Liebesinteressen« wider, denen entsprechend sich der Hass stets »auf die Quelle der Icherhaltungstriebe« zurückführen lasse (ebd., S. 232). Das bedeutet zugleich, dass Freud die Affekte der Liebe und des Hasses dem Ich zuordnet, die sich auf die Impulse des Sexualtriebes und des Selbsterhaltungs- oder Ichtriebes zurückführen lassen.

Das Konzept, den Hass des Zwangsneurotikers auf einen Ichtrieb zurückzuführen, revidiert Freud im Zuge der Entwicklung der zweiten Triebtheorie. Diese neue Konstruktion der Triebe erschien Freud aufgrund klinischer Phänomene notwendig, wie sie die Gefühlsambivalenz des Zwangsneurotikers, seine Feindseligkeit, sein Sadismus und Masochismus sowie die in den Zwangsritualen zutage tretenden Wiederholungsphänomene darstellen. Freud führt in *Jenseits des Lustprinzips* (1920) mehrere solcher Wiederholungsphänomene auf:

- die traumatische Neurose, die den Kranken im Traum »immer wieder in die Situation seines Unfalls zurückführt, aus der er mit neuem Schrecken erwacht« (S. 10),
- das vom schmerzlichen Erlebnis betroffene Kind, welches »dasselbe, trotzdem es unlustvoll war, als Spiel wiederholt« (ebd., S. 13),
- die »schmerzlichen Affektlagen«, die »vom Neurotiker in der Übertragung wiederholt und mit großem Geschick neu belebt« werden (ebd., S. 19),
- die Bedeutung des Wiederholungszwangs beim Neurotiker ganz allgemein (ebd., S. 20),
- Träume, die »uns die Erinnerung der psychischen Traumen der Kindheit wiederbringen« (ebd., S. 33).

Aufgrund dieses Phänomens drängt sich Freud die Annahme auf, dass es im Seelenleben wirklich einen Wiederholungszwang gibt, der sich über das Lustprinzip hinaussetzt« (ebd., S. 21).

Den Äußerungen dieses Wiederholungszwanges spricht Freud einen »triebhaften, und wo sie sich im Gegensatz zum Lustprinzip befinden«, einen geradezu »dämonischen Charakter« zu (ebd., S. 36). Er knüpft an die Philosophie Schopenhauers an, »für den ja der Tod, ›das eigentliche Resultat‹ und insofern der Zweck des Lebens ist, der Sexualtrieb aber die Verkörperung des Willens zum Leben« (ebd., S. 53). Freud schlägt daher vor, fortan zwischen »zwei Arten von Trieben zu unterscheiden, jene, welche das Leben zum Tod führen wollen, die anderen, die Sexualtriebe, welche immer wieder die Erneuerung des Lebens anstreben und durchsetzen« (ebd., S. 48f.).

Damit werden die Selbsterhaltungstriebe mit der sich in einer narzisstischen Weise auf das Ich zurückziehenden Libido identifiziert und gemeinsam mit den sich auf Objekte richtenden Sexualtrieben unter den Lebenstrieb oder den Eros subsumiert (ebd., S. 56). Masochismus und Sadismus werden dagegen als Ausdruck destruktiver Impulse aufgefasst, die nunmehr von den Sexualtrieben als unabhängig begriffen und auf den »Todestrieb« zurückgeführt werden. Während es sich beim Sadismus um einen »durch den Einfluß der narzißtischen Libido vom Ich abgedrängten« Todestrieb handele, »so daß er erst am Objekt zum Vorschein kommt« (ebd., S. 58), gehe es beim sekundären

Masochismus um »eine Rückwendung des Sadismus gegen das eigene Ich«, die zugleich mit einer »Regression« zu einer »früheren Phase des primären Masochismus« verbunden sei (ebd., S. 59).

Freud lässt in seinen einleitenden Bemerkungen zu diesem Thema keine Zweifel daran aufkommen, dass er das Konzept von Lebens- und Todestrieben selbst für gewagt hält: »Was nun folgt, ist Spekulation, oft weit ausholende Spekulation, die ein jeder nach seiner besonderen Einstellung würdigen oder vernachlässigen wird« (ebd., S. 23). Damit macht Freud ausdrücklich darauf aufmerksam, dass er zu theoretischen Reflexionen ansetzt, die er noch wenige Jahre zuvor als Ausdruck »einer spekulative[n] Theorie« abgelehnt hatte, weil die Psychoanalyse im Unterschied dazu als eine »auf Deutung der Empirie gebaute Wissenschaft« aufzufassen sei (Freud 1914, S. 142). Wie unübersehbar es ist, dass Freud die Kühnheit genossen hat, »der lange niedergehaltenen Neigung zur Spekulation freien Lauf gelassen« zu haben, so offen räumte er zugleich ein, dabei »weit über die Psychoanalyse« hinausgegangen zu sein (Freud 1925, S. 84).

> »Man könnte mich fragen, ob und inwieweit ich selbst von den hier entwickelten Annahmen überzeugt bin. Meine Antwort würde lauten, daß ich weder selbst überzeugt bin, noch bei anderen um Glauben für sie werbe« (Freud 1920, S. 63f.).

Betrachtet man das empirisch-klinische Material, auf das Freud sein Konzept von Lebens- und Todestrieben stützt, so wird sehr schnell deutlich, dass es große Schwierigkeiten bereitet, »sie auf die konkrete Erfahrung zu gründen« (Laplanche/Pontalis 1967, S. 497). So ist es nicht nachvollziehbar, warum dem Wiederholungszwang, auf den sich die Annahme eines Todestriebes in hohem Maße stützt, überhaupt eine Triebqualität zugesprochen werden sollte.

Der gewagten Konstruktion, dass sich im Wiederholungszwang das »Dämonische« des Todestriebes zeige, ist doch die näherliegende Erklärung vorzuziehen, dass es bei der »Tendenz zur Wiederholung« um »Versuche« geht, »die das Ich unternimmt, um exzessive Spannungen zu meistern und dann in fraktionierter Form abzureagieren« (ebd., S. 630). Ob man hysterische Körperschmerzen oder zwanghaftes Verhalten betrachtet, in beiden Symptombildungen begehren sozial anstößige Impulse, die verdrängt oder vom Affekt isoliert worden sind, gegen ihre Unterdrückung durch das Ich auf.

Wenn die Hysterikerin das Sprechen entlastet, weil das Zur-Sprache-Bringen des Verdrängten dem »eingeklemmten« Affekt einen Ausdruck verschafft, dessen Wiedererleben das Konversionssymptom auflöst, und wenn der Zwangsneurotiker den abgespaltenen Hass auf den Vater in der Übertragung mit Freud reinszeniert, befreien sich beide Patienten unter dem Druck des Wiederholungszwangs von einem mit körperlichen Schmerzen oder quälenden Zwangshandlungen verbundenen psychischen Leiden, von dem sie befreit werden, sobald die unterdrückten Affekte in der therapeutischen Praxis zugelassen und ausgelebt werden.

Und wie die Sprache dem Einzelnen die Möglichkeit bietet, seine ihn bedrängenden Affekte durch Worte auszudrücken, so ist es dem Kind durch das Spiel mit Gegenständen möglich, schmerzhafte Erfahrungen zu verarbeiten und auf eine sinnlich-bildhafte Weise zu inszenieren, denn das Kind wiederholt das Spiel so oft, bis der Affekt durchgearbeitet und verarbeitet ist.

Eine weitere Schwäche des Konzeptes von Lebens- und Todestrieben besteht darin, dass die Sexualität, wie Jean Laplanche und Jean-Bertrand Pontalis hervorheben, »unter dem Namen ›Eros‹ nicht mehr als sprengende, ungeheuer verwirrende Kraft definiert, sondern als Kohäsionsprinzip« aufgefasst wird (ebd., S. 502). Während nun das spekulative Konstrukt der Todestriebe zur Verkörperung der Widerständigkeit des Unbewussten gegen gesellschaftliche Zumutungen avanciert, verflacht die Bedeutung der Sexualität, die bei der Hysterie noch das sozial Anstößige und Verbotene verkörperte, zu einer sich mit dem Sozialen versöhnenden Triebkraft. Um die den Neurosen zugrunde liegenden Affektdynamiken besser zu verstehen, gilt es daher, hier neu anzusetzen.

Das Konzept von Libido und Aggression – die reformulierte zweite Triebtheorie

Über dem Umstand, dass es sich bei dem Konzept von Lebens- und Todestrieben um eine schillernde Konstruktion handelt, die philosophische, biologische, psychologische und metapsychologische Argumente miteinander verknüpft und sich nur vage auf empirische Erfahrungen bezieht, darf nicht übersehen werden, dass Freud mithilfe der zweiten Triebtheorie neue Einsichten der klinischen Praxis in die Dynamik von Affekten kategorial zu klären suchte. Das wird fassbar, sobald man sich mit *Das Ich und das Es* (1923) beschäftigt, jener Schrift von Freud, in der er sich auf der Grundlage des Konzepts von Lebens- und Todestrieben intensiv mit dem theoretischen Begreifen der in der empirisch-klinischen Praxis zutage tretenden Affektdynamik auseinandersetzte.

Er spricht hier davon, dass »sich Triebe beider Arten miteinander verbinden« oder »legieren« (ebd., S. 269). Wenn aber der Eros den Todestrieb durch diese affektive Bindung zu »neutralisieren« vermöge, dann würde die Muskulatur das »besondere Organ« darstellen, um »die destruktiven Regungen [...] auf die Außenwelt abzuleiten« (ebd.). Daher stelle der sich gegen die Objekte der Außenwelt richtende »Destruktionstrieb« die Energie dar, in die sich der durch den Eros in Dienst genommene Todestrieb verwandele (ebd.).

Wie der Sadismus »ein klassisches Beispiel einer zweckdienlichen Triebmischung« sei (ebd., S. 270), so lasse sich die Perversion des Sadismus als Ausdruck einer »Triebentmischung« betrachten, weil sich der Sadismus in diesem Fall aufgrund einer Regression »von der genitalen zur sadistisch-analen Phase«

verselbstständige (ebd.). Liebe und Hass ließen sich ganz in diesem Sinne auf ein gut integriertes Zusammenspiel von Eros und Todestrieb zurückführen, im Zuge dessen sich der Hass auf den »Destruktionstrieb« zurückführen lasse, der den Todestrieb nach außen wende (ebd., S. 271).

Freud erörtert unter anderem das bei der Zwangsneurose auftretende Problem der Aggression: Zunächst einmal führe »eine Regression zur prägenitalen Organisation« dazu, »daß die Liebesimpulse sich in Aggressionsimpulse gegen das Objekt umsetzen« (ebd., S. 283). Aber gegen das Drängen des »Destruktionstriebes«, der »das Objekt vernichten« wolle (ebd.), sträube sich das Ich »mit Reaktionsbildungen und Vorsichtsmaßregeln«, sodass die aggressiven Impulse »im Es« bleiben (ebd.). Das Über-Ich benehme sich aber so, als ob das Ich für die aggressiven Impulse gegen das Objekt verantwortlich wäre, und wüte mit einer »außerordentlichen Härte und Strenge gegen das Ich« (ebd., S. 282).

> »Nach beiden Seiten hilflos, wehrt sich das Ich vergeblich gegen die Zumutungen des mörderischen Es wie gegen die Vorwürfe des strafenden Gewissens. Es gelingt ihm, gerade die gröbsten Aktionen beider zu hemmen, das Ergebnis ist zunächst eine endlose Selbstqual und in der weiteren Entwicklung eine systematische Quälerei des Objekts, wo dies zugänglich ist« (ebd., S. 283f.).

Wie das Ich des Zwangsneurotikers die aggressiv-feindseligen Impulse des Es gegen den Anderen unter Kontrolle halten müsse, so müsse sich das Ich zugleich »der Aggression des Über-Ichs« erwehren (ebd., S. 287), das so »hypermoralisch« wie das Es »ganz unmoralisch« sei und das Ich »bemüht [ist], moralisch zu sein« (ebd., S. 284). So gelangt Freud zu dem Schluss, dass es schon »merkwürdig« sei, »daß der Mensch, je mehr er seine Aggression nach außen einschränkt, desto strenger, also aggressiver in seinem Ichideal [Über-Ich] wird« (ebd., S. 284).

Zusammenfassend heißt das, dass das Konzept von Eros und Todestrieb eine philosophische Spekulation bildet, die sich durch die Einsichten der klinischen Forschung nicht rechtfertigen lässt. Wenn man jedoch der sich aus dieser spekulativen Konstruktion abgeleiteten Annahme eines Destruktionstriebes folgt, der die zerstörerischen Energien des Todestriebes »mit Hilfe eines besonderen Organsystems, der Muskulatur, nach außen ableitet« (Freud 1924a, S. 376), dann gelangt man zu der gerade umrissenen Auseinandersetzung Freuds mit dem klinischen Problem der Aggression, das bei der Zwangsneurose (aber auch bei der Paranoia und der Melancholie) zu beobachten ist und sich auch noch als ein innerseelisches Problem beschreiben lässt, bei dem das Ich gegen die aggressiven Impulse des Es und zugleich gegen die moralische Aggressivität des Über-Ichs kämpft.

Folgt man diesem theoretischen Begreifen Freuds, dann stellt sich die Frage, ob man nicht auf die philosophischen und biologischen Spekulationen zur Annahme eines Lebens- und Todestriebes verzichten und sie durch eine Triebtheorie ersetzen kann, welche die neuen Einsichten der klinischen Praxis in ein nachvollziehbareres und plausibleres theoretisches Konstrukt übersetzt.

Diesem ursprünglichen Interesse Freuds, eine Metapsychologie diesseits abstrakter Spekulationen zu konstruieren, entsprechen Heinz Hartmann, Ernst Kris und Rudolph M. Loewenstein (1949) durch eine Reformulierung der Triebtheorie, die im Einklang mit den »Daten der klinischen Beobachtung« steht und daher eine »empirische Evidenz« aufweist (ebd., S. 11, alles eigene Übersetzungen, auch im Folgenden). Die Autoren konzeptualisieren als den empirisch begründbaren Kern der spekulativen Theorie von Lebens- und Todestrieben das Modell von »Libido und Aggression« (ebd., S. 12). Sie betonen, es sei durchaus ein Problem, dass Freud als Quelle der Libido die erogenen Zonen betrachte, sich jedoch keine vergleichbare Hypothese in Bezug auf die Aggression bilden lasse. Wenn Freud eine Beziehung zwischen Aggression und Skelettmuskulatur herstelle, dann gehe es doch um das Problem der Triebentladung (ebd., S. 17).

Welche Unterschiede aber auch zwischen Libido und Aggression bestünden, beide Male gehe es um Triebkräfte, die durch motorische Aktivität entladen werden (vgl. ebd.). Hinzu komme, dass der Aggressionstrieb wie der Sexualtrieb eine orale, anale und phallische Phase durchlaufe, eine optimale Integration beider Triebe jedoch erst im Zuge der genitalen Organisation zustande komme (ebd., S. 17 und S. 32ff.).

Während bislang davon ausgegangen worden sei, dass sich allein die Libido durch »Plastizität« auszeichne, liefere die klinische Praxis doch gute Gründe für die Annahme, auch von einer »Plastizität der Aggression« zu sprechen, die sich »in der Kontrolle des Körpers, in der Kontrolle der Realität und in der Formung der psychischen Struktur« zeige (ebd., S. 18). Nicht nur würden sich verschiedene Stufen der aggressiven Triebentladung unterscheiden lassen – das Objekt könne im Kampf zerstört, jedoch auch besiegt oder vertrieben werden –, vielmehr zeige sich die Wandelbarkeit des Aggressionstriebes auch darin, dass die Aggression unterdrückt und sublimiert, auf andere Objekte verschoben, durch die Verbindung mit der Libido gebunden oder auch gegen das Selbst gewendet werden könnte (vgl. ebd., S. 19–21).

Wenn die Aggression internalisiert werde, würden sich zudem ganz unterschiedliche Triebschicksale unterscheiden lassen (vgl. ebd., S. 24): Während die Verinnerlichung der Aggression ins Über-Ich Schuldgefühle nach sich ziehe, würde die ungehemmte Verinnerlichung der Aggression im Ich selbstzerstörerische Impulse auslösen. Oder aber die Verinnerlichung der Aggression gehe im Ich mit einer Neutralisierung ihrer Affektbeträge einher – eine Affektumwandlung, die Freud im Kontext der Libido auch als »Sublimierung« bezeichnet habe (ebd., S. 15). Werde die Aggression derart neutralisiert, stünde sie dem Ich als Energie zur Entwicklung einer größeren Integrations- und Funktionsfähigkeit zur Verfügung (vgl. ebd., S. 24).

Was Hartmann, Kris und Loewenstein mit der Annahme einer Plastizität des Aggressionstriebs meinen, veranschaulichen sie am Beispiel der verschiedenen Möglichkeiten, die sich in einer Gefahrensituation aus der Interaktion des Besiegten mit dem Sieger ergeben würden:

> »Der Besiegte könnte auf die Gelegenheit warten, wiederum den Sieger zu besiegen. In diesem Fall kann man nicht von Internalisierung, sondern von einem Aufschub der aggressiven Reaktion sprechen. Die Neutralisierung der internalisierten Aggression könnte zu einer Modifizierung der Forderungen des Über-Ichs führen: Der Sieg oder die Aggression könnten abgewertet, und der moralische Sieg über den physischen Sieger könnte schließlich erreicht werden. Oder der Besiegte könnte Schuldgefühle wegen der Niederlage empfinden. Internalisierung ohne Neutralisierung führt zu irgendeiner Form einer selbstzerstörerischen Haltung. Wenn letztere sexualisiert wird,

> dann gewinnt die Haltung des Besiegten die Qualität einer lustvollen Unterwerfung oder so etwas, was man als die Mentalität eines Sklaven bezeichnen könnte. Der Besiegte wird sein Über-Ich zugunsten des Über-Ichs des Siegers aufgeben. Dann können wir von Masochismus des Ichs gegenüber dem Über-Ich sprechen […]« (ebd., S. 24f.).

Wenn aber das Ich aggressive Impulse durch den Einsatz der Skelettmuskulatur so entladen kann, wie Freud es beschrieben hat, dann bedeutet das nach Auffassung von Hartmann, Kris und Loewenstein auch, dass das Ich mithilfe der Aggression seine Motilität (Bewegungsfähigkeit) kontrolliert und daher durch Handeln das Interagieren mit den Objekten der Umwelt beherrscht. Der zunehmenden Differenzierung des Ichs entspreche daher eine wachsende Entwicklung der Aggression, die »vom Gebrauch des Körpers selbst bis zu seinen Verlängerungen in Gestalt der Werkzeuge der modernen Technologie und zur Beherrschung der äußeren Natur führen« (ebd., S. 23).

Wenn eine Gefahrensituation zur Flucht und zur Unterdrückung von Aggression zwinge, drohe hingegen eine pathologische Reaktion. Diese Tendenz sei sehr viel geringer, wenn in einer Gefahrensituation Aggression durch Kampf direkt entladen werden könnte. Die Autoren führen das Beispiel eines jungen jüdischen Mannes an, der unter einer schweren Angstneurose litt, seine Ängste jedoch überwand, als er sich auf der Straße gegen eine Gang junger Nazis zur Wehr setzen musste. »In seinen eigenen Worten: ›Ich schaltete um aufs Handeln‹« (Kris, zitiert nach Hartmann et al. 1949, S. 24). Obgleich der Patient aufgrund unbewusster homosexueller Neigungen und aggressiver Hemmungen zu der neurotischen Angst neigte, von anderen überwältigt zu werden, führte die mit Realangst verbundene Gefahr, auf der Straße von einer Gang von Nazis verprügelt zu werden, zu einer spontanen Freisetzung aggressiver Triebimpulse, durch die er augenblicklich seine neurotischen Ängste überwand und schlagartig über die Energie verfügte, um sich tatkräftig zur Wehr zu setzen. Zweifellos habe Freud, so geben Hartmann, Kris und Loewenstein zu bedenken, in Erwägung gezogen, dass sich die mit aggressiven Handlungen verbundene Lust auf eine narzisstische Lust zurückführen lasse. Gerade dieses Beispiel illustriere jedoch, wie sinnvoll die Annahme sei, dass es sich bei der Aggression um eine Triebkraft handele, deren Hemmung so neurotisiere, wie deren Befriedigung befreien könne. Damit einher geht die Einschätzung der Autoren, »dass die aggressive Entladung per se als lustvoll erfahren wird« (ebd., S. 17).

Doch Aggression werde auch noch durch andere Faktoren geweckt. Wie »Hunger und Durst« aggressive Impulse verstärken, so provoziere auch »jede Unterbrechung einer Handlung […] eine aggressive Reaktion« (ebd., S. 30). Die Einschätzung von John S. Dollard und seinen Mitarbeitern (1939), dass Aggression erst durch Frustration erzeugt werde, greife daher zu kurz. Denn wenn von »frustrierten Bedürfnissen« gesprochen werde, dann würde die Macht der Triebkräfte übersehen, auf welche die frustrierten Bedürfnisse zurückgehen (Hartmann et al. 1949, S. 29).

Wie die Triebschicksale der Libido und der Aggression zusammenhängen, lasse sich schließlich fassen, wenn man sich vergegenwärtige, wie sich im Verlaufe der oralen, analen und ödipalen Entwicklung Libido und Aggression miteinander verschränken und mit dem Erreichen der genitalen Organisation integrieren (ebd., S. 33f.).

Wie das von Hartmann, Kris und Loewenstein konzeptualisierte Modell von Libido und Aggression Freuds Überlegungen zur Triebmischung und zur Neutralisierung von Triebenergie im Ich integriert, so ermöglicht dieses Modell zugleich den Anschluss an die erste Triebtheorie von Sexual- und Selbsterhaltungstrieben. Während sich die Libido als die Energie der Sexualtriebe beschreiben lässt, lässt sich die Aggression mit der Energie des Selbsterhaltungstriebes in Beziehung setzen. Wie Hartmann (1948) ausführt, tragen die aggressiven Triebimpulse »offensichtlich zur Selbsterhaltung« bei und tendieren dazu, »die Umgebung zu beherrschen« (S. 91).

Im Einklang damit, dass Hartmann, Kris und Loewenstein die zweite Triebtheorie vom Kopf eines spekulativen Konzepts auf die Füße einer empirisch gut begründeten Konstruktion gestellt haben, kann Hartmann daher davon sprechen, dass »sich Freuds Interesse am Ende ganz auf einen [neuen] Dualismus der Primärtriebe« richtete, »die Sexualität und die Aggression« (ebd., S. 94).

Es ist bemerkenswert, dass Hartmann im Rahmen dieser triebtheoretischen Ausführungen auf die von Charlotte Bühler beschriebene »Funktionslust« zu sprechen kommt, welche

»die Lust an den Tätigkeiten selbst, an der Überwindung von Schwierigkeiten, die Freude des Kindes an der Ausübung einer neu erlernten Funktion« bedeutet (zitiert nach Hartmann 1948, S. 91). Man könnte nämlich die Frage aufwerfen, ob sich in einer vergleichbaren Weise, wie sich Liebe als sublimierteste Form der Sexualentwicklung beschreiben lässt, nicht auch Spiel und Arbeit als Ausdruck einer hochkomplexen Lust an Tätigkeiten begreifen lassen, die als sublimierte Formen der Aggression zu betrachten sind.

Welche Wirkung die von Heinz Hartmann, Ernst Kris und Rudolph M. Loewenstein neu konzipierte Triebtheorie von Libido und Aggression gehabt hat, illustrieren zwei Konzepte namhafter Psychoanalytiker.

So greift Donald W. Winnicott (1950) auf das Konstrukt von Sexual- und Aggressionstrieb zurück, wenn er darüber nachdenkt, dass das Triebleben nicht nur eine »erotische Wurzel«, sondern auch eine »aggressive Wurzel« habe (S. 104).

> »Das Baby stößt im Mutterleib mit den Füßen; man kann nicht annehmen, es versuche, sich den Weg hinauszubahnen. Ein Baby von ein paar Wochen schlägt mit den Armen um sich; man kann nicht annehmen, es wolle schlagen. Das Baby kaut mit seinem zahnlosen Kiefer an der Brustwarze herum; man kann nicht annehmen, es wolle zerstören oder verletzen. Zu Anfang ist die Aggressivität fast das gleiche wie Aktivität; sie tritt als Teilfunktion in Erscheinung« (ebd., S. 89).

Winnicott spricht von »Aktivität« auch deshalb, weil sich die aggressiven Verhaltensweisen des Säuglings zwar als »zielgerichtet« betrachten lassen, jedoch »unbeteiligt« und »ohne Besorgnis« ausgeführt werden. Denn die Ergebnisse des eigenen Bewegungsdranges seien dem Säugling »noch gleichgültig« (ebd., S. 91). Wenn die Mutter zu diesem Zeitpunkt »ausreichend gut« sei und ihre »Liebe körperlich zum Ausdruck kommt«, indem sie das Baby an ihren Leib oder in den Armen halte, vermöge der Säugling seinen Bewegungsdrang frei zu entfalten und die Umwelt im Zuge seiner Aktivitäten ständig neu zu entdecken. Unter diesen Umständen entwickele sich eine konstruktive Aggressivität, weil »ein Maximum an Motilität des aggressiven Potentials in Es-Erlebnisse einfließen könne, die mit der Liebe zur Mutter verschmelze« (ebd., S. 100).

Wenn dagegen durch ständige »Übergriffe« der Mutter die Entwicklung »einer Reihe individueller Erlebnisse« durchkreuzt werde, weil Aktivitäten sich auf »eine Reihe von Reaktionen auf Übergriffe« reduzieren, dann gelange der Säugling nur durch »Rückzug« zur »Ruhe« (ebd.). Seien die Übergriffe der Mutter so extrem, »daß nicht einmal ein Ort der Ruhe für individuelles Erleben übrigbleibt« (ebd.), dann könne sich »im Zustand des primären Narzißmus kein eigentliches Individuum entfalten« (ebd.). Der Säugling entwickele dann im Kontakt mit der Mutter ein funktionierendes »falsches Selbst«, hinter dem »das wahre Selbst« verborgen bleibe (ebd.). Unter diesen Umständen entwickele sich eine destruktive Aggression, weil sich die Aktivitäten des Säuglings im »Widerstand« gegen die mütterlichen Übergriffe so verausgaben, dass es unmöglich werde, »das aggressive Potential […] mit dem erotischen Potential« zu verschmelzen (ebd., S. 107).

Die Folge der mangelnden Integration von Motilität und Erotik sei die Perversion des Sadismus, bei der sich das Individuum nur dann real fühle, »wenn es zerstörerisch und erbarmungslos« sei (ebd., S. 102). Der Sadismus erweise sich daher als »die Erotisierung eines rohen Motilitätsdrangs« (ebd., S. 102).

In dem Maße, wie in der zweiten Hälfte des ersten Lebensjahres die von Melanie Klein so bezeichnete depressive Position durchlaufen werde, vermöge der Säugling seine »zielgerichtete« Aggressivität »mit Besorgnis« zu verbinden (ebd., S. 91). Wenn das Kind sich nun mit Schuldgefühlen auf »den Schaden« beziehe, den es »seiner Meinung nach in der erregten Beziehung dem geliebten Menschen zugefügt hat« (ebd., S. 92), entwickele es »seinen eigenen persönlichen Drang«, das »wiedergutzumachen«, was es glaubt, in einem aggressiven Impulsdurchbruch angerichtet zu haben (ebd.).

Da auf diesem Weg »ein Großteil der Aggression in soziale Funktionen verwandelt« werde, entwickele sich aus der diffusen Aggressivität des Säuglings, der keine Rücksicht auf das Objekt nehme, eine konstruktive Aggression, der entsprechend das Kleinkind aufgrund der Sorge um die Folgen seiner Aggressivität sozial zu handeln anfange. Wenn aber die Mutter oder der Vater die Bemühungen des Kleinkindes um Wiedergutmachung nicht annehme und nicht anerkenne, falle die Besorgnis in sich zusammen und die diffuse Aggression kehre zurück. So entstünde eine destruktive Aggression, weil das Kleinkind aufgrund der mütterlichen Frustration von Schuldgefühlen abrücke und auf den Abwehrmechanismus der Spaltung zurückgreife:

> »Wenn die Objekte auf diese Weise in gute und böse gespalten werden, nehmen die Schuldgefühle ab; leider verliert die Liebe einige ihrer wertvollen aggressiven Bestandteile, und der Haß wird um so explosiver« (ebd., S. 93).

Während konstruktive Aggression die Folge dessen sei, dass das Kind sich aktiv mit der Welt auseinandersetze, durch Träume und Spielen »Brücken« zwischen innerer Welt und äußerer Realität herstelle (ebd., S. 94) und sein aggressives Verhalten aufgrund der Neigung zur Wiedergutmachung in soziale Fähigkeiten übersetze, ergebe sich aus den Übergriffen und dem mangelnden Eingehen von Mutter oder Vater auf die Sorge des Kindes eine destruktive Aggression, der entsprechend sich das Kind enttäuscht von der Welt zurückziehe, das Gute in sich konzentriere und das Böse in die Welt projiziere.

Der verzweifelte Versuch, die innere und die äußere Welt umfassend zu kontrollieren, führe daher zu einer destruktiven Aggression, die zu Gewalttätigkeit oder auch zu Depressionen und zu einem »Zustand des inneren Totseins« führen könne (ebd., S. 96). Die konstruktive Aggression zeige sich hingegen darin, dass »das Individuum ›Schlechtigkeit‹ im Inneren bewahren« könne, »um sie zum Angriff auf äußere Kräfte zu verwenden, die das zu bedrohen scheinen, was als bewahrenswert erscheint« (ebd., S. 96f.).

Auch René A. Spitz (1965) rekurriert im Rahmen seiner empirischen Untersuchung der Mutter-Kind-Beziehung auf das von Hartmann, Kris und Loewenstein explizierte Konzept von Sexualtrieb und Aggressionstrieb:

> »In unserer Darstellung soll von zwei Trieben die Rede sein, von Libido und Aggression, und zwar in der Bedeutung, die Freud den Begriffen in seinen späteren Veröffentlichungen verliehen hat (1920, 1923)« (S. 27).

Wenn Spitz davon spricht, dass die Aggression dazu diene, »sich dem Objekt zu nähern, es zu halten, es zu bewältigen oder es zu zerstören« (ebd., S. 28), dann verwendet er diesen Begriff ganz im Sinne des lateinischen Wortes *adgredi*, mit dem die Bedeutung verknüpft ist, »eine Sache in Angriff zu nehmen« oder »etwas anzupacken«.

> »Man spricht oft genug vom Aggressionstrieb; selten wird erläutert, daß der Aggressionstrieb sich nicht auf Feindseligkeiten beschränkt. In Wirklichkeit dient bei weitem der größte und wichtigste Teil des Aggressionstriebes als Motor jeder Bewegung, aller Aktivitäten, ob groß oder klein, und letzten Endes als Antrieb für das Leben selbst« (ebd., S. 124).

Wie Winnicott unterscheidet Spitz zwischen einer konstruktiven Form der Aggressivität, die dem Bewegungsdrang zugrunde liege und »alle Aktivitäten« motiviere (ebd., S. 124), und einer destruktiven Form der Aggressivität, die sich in »Feindseligkeit oder Destruktivität« äußere (ebd., S. 296). Die klinischen Untersuchungen von Spitz zeigen nun, dass »Manifestationen der Aggression« wie »Schlagen, Beißen, Kauen«, die »beim normalen Kind nach dem achten Lebensmonat üblich sind«, bei jenen Kindern fehlen, »die an einer anaklitischen Depression oder an Hospitalismus leiden« (ebd.). Verliert das Kind im ersten Lebensjahr die Mutter, lassen sich zwei Triebschicksale beobachten: Auf der einen Seite führe die dauerhafte Trennung von der Mutter dazu, »daß bei Kleinkindern [...] alle autoerotischen Aktivitäten einschließlich des Daumenlutschens aufhören« (ebd., S. 298). Auf der anderen Seite ergebe sich aus dem Verlust der Mutter, »daß das Kind die Aggression auf sich selbst zurückwendet« (ebd., S. 297):

> »Klinisch werden diese Säuglinge unfähig, Nahrung zu verdauen; sie leiden an Schlaflosigkeit; später können diese Kinder sich selbst angreifen, indem sie mit dem Kopf gegen die Gitterstäbe ihres Bettchens schlagen, sich mit den Fäusten auf den Kopf schlagen und sich die Haare büschelweise ausreißen. Wenn der Entzug total ist, wird der Zustand zum Hospitalismus; der Verfall schreitet unerbittlich fort und führt zu Marasmus und Tod« (ebd.).

Während der Säugling die Mutter normalerweise als Objekt libidinös und aggressiv besetze und beide Triebarten sich »vermischen« (ebd., S. 297), trete »beim seelisch vernachlässigten Kind eine Entmischung der Triebe« auf (ebd.):

> »Theoretisch ausgedrückt, sieht es so aus, als sei das Kind zu einer Existenzform zurückgekehrt, die im Stadium des primären Narzißmus geherrscht hat; es ist nicht einmal in der Lage, seinen eigenen Körper zum Objekt zu nehmen, wie es das im Stadium des sekundären Narzißmus tun würde. Man bekommt den Eindruck, daß bei diesen an Marasmus leidenden Kindern die einzige Aufgabe, der die Libido noch zu dienen hat, die Erhaltung des Lebens ist; sie soll das flackernde Flämmchen des Lebens so lange wie möglich erhalten« (ebd., S. 298f.).

Zusammenfassend heißt das Folgendes: Hartmann, Kris und Loewenstein reformulieren die spekulative Theorie von Eros und Todestrieb in Gestalt des durch Freuds empirisch-klinische Forschung gut begründeten Konzepts von Libido und Aggression, das sich mit der ersten Theorie von Selbsterhaltungs- und Sexualtrieben gut in Einklang bringen lässt. Im Rahmen dieser Konstruktion zeigen Winnicotts Ausführungen, dass die Entwicklung einer konstruktiven oder aber einer destruktiven Aggression davon abhängt, ob die Mutter durch ihre Liebe genügend auf die Aktivitäten des Kindes eingeht oder ob es sie durch Übergriffe durchkreuzt. Sodann erklärt Spitz im Rückgriff auf das Konzept von Libido und Aggression, dass der Verlust der Mutter im ersten Lebensjahr nicht nur deshalb zur anaklitischen Depression, zum Hospitalismus und zum Marasmus führt, weil der Säugling das Liebesobjekt verliert, sondern auch deshalb, weil er seine Aggression nicht mehr durch den Kontakt mit der Mutter ausleben kann, sondern sie in einer selbstzerstörerischen Weise gegen die eigene Person wendet.

Das Konzept von Libido und Aggression stellt sich daher als das Endprodukt einer im Verlaufe von mehreren Jahrzehnten aus der klinisch-empirischen Praxis entwickelten psychoanalytischen Affekttheorie dar, welche die vom Einzelnen empfundenen Affekte als Erlebnisweisen des Ichs betrachtet, die sich auf die in der Körperlichkeit des Menschen wurzelnden Triebe zurückführen lassen.

Von Affekten und Trieben – die Affekttheorie und die neuere Säuglingsforschung

Affekte in der neueren Säuglingsforschung

In den vergangenen Jahrzehnten hat die empirische Säuglings- und Kleinkindforschung zu neuen Einsichten in die Differenziertheit der frühkindlichen Affekte geführt. Martin Dornes (1992, 1997), der die neueren Erträge der Säuglingsbeobachtung eingehend erörtert, gelangt aufgrund dieser Forschungsergebnisse zu dem Schluss, dass die Einsichten in den schon von L. Joseph Stone et al. (1973) so bezeichneten »kompetenten Säugling« und seine »affektive Kompetenz« die »Brauchbarkeit der Triebtheorie als grundlegender Motivationstheorie für die frühe Kindheit« infrage stellen (Dornes 1997, S. 41). Die psychoanalytische Einschätzung, dass »libidinöse und aggressive Triebe [...] die Grundantriebskräfte jedes Säuglings« sein sollen, deren »Befriedigung oder Nichtbefriedigung [...] zu den entsprechenden affektiven Erlebnisqualitäten von Lust und Unlust« führe (ebd.), sei unhaltbar geworden. Denn was etwa noch René Spitz (1965) glaubte, dass die Affekte des Säuglings »chaotisch und undifferenziert« seien (S. 64), werde durch die neuere Säuglingsforschung widerlegt, die zeige, dass das Gefühlsleben des Kleinkindes sehr viel differenzierter sei (vgl. Dornes 1992, S. 147).

Um die Bedeutung der Erträge der neueren Säuglingsforschung einzuschätzen, sollen hier zunächst in Anlehnung an Dornes und Rainer Krause die wichtigsten Einsichten der Affektforschung stichwortartig umrissen werden: In der Phylogenese der Säugetiere hat sich ein Affektsystem durchgesetzt, dessen Entfaltung vor allem von der Entwicklung des aufrechten Ganges, des damit verbundenen Sichtbarwerdens des Gesichts als »Hauptausdrucksträger« und eines »sozialen Beziehungssystems« abhängig war, »für das solche Affektsignale von Vorteil sind« (Krause 1983, S. 1017). Die empirischen Untersuchungen von Paul Ekman (1988), Carroll Izard et al. (1980) sowie Harriet Oster und Paul Ekman (1978) zu den Gesichtsausdrücken von Erwachsenen und Säuglingen haben »für sieben bis acht sogenannte Primär- oder Basisaffekte […] ein spezifisches Gesichtsausdrucksmuster entdeckt, das in allen Kulturen gleich ist« (Dornes 1997, S. 40):

> »Es gibt jeweils typische Gesichtsausdrücke für Interesse/Neugier, Überraschung, Ekel, Freude, Ärger, Traurigkeit, Furcht und Schuld. […] Die Ausdrücke für Interesse/Neugier, Überraschung und Ekel gibt es von Geburt an; Freude spätestens ab vier bis sechs Wochen; Ärger und Traurigkeit mit zwei bis vier Monaten; Furcht ab sechs bis sieben Monaten und Schuld im zweiten Lebensjahr« (ebd.).

Die experimentellen Untersuchungen von Silvan Tomkins (1962, 1963) und Carroll Izard (1977) erlauben die gut begründbare Einschätzung, dass die Gesichtsausdrücke von Säuglingen keine zufälligen Reaktionen darstellen, sondern Rückschlüsse auf »entsprechende Gefühlszustände« nahelegen (Dornes 1997, S. 40). Mit M. Katherine Weinberg und Edward Z. Tronick (1994) konstatiert Dornes zudem, dass der Säugling über »eine interne Kohärenz verschiedener Modalitäten eines Affektausdrucks« verfügt (Dornes 1997, S. 40).

Die Wahrnehmung und das Erleben des Säuglings ist so differenziert und ganzheitlich zugleich, dass beispielsweise »der mimische Ausdruck […] von Freude regelhaft mit bestimmten Arten der Vokalisierung und Körperhaltung einhergeht und der Ausdruck von Ärger mit anderen« (ebd.). Schließlich zeigt sich die Differenziertheit der Wahrnehmung und des Erlebens der Säuglinge darin, dass sie auch, wie Dornes in Anlehnung an Daniel N. Stern (zitiert nach Dornes 1992, S. 82) ausführt, »die vitale Dimension« von Affekten wahrnehmen (ebd., S. 41). So werden etwa Ärger und Freude nicht nur als »stark oder schwach«, sondern auch als »plötzlich auftauchend« oder »langsam anschwellend« wahrgenommen. Was die Mutter fühlt, spürt der Säugling daher auch an den »sanften, langsamen« oder

»ruckartigen, heftigen« Bewegungen, mit denen sie das Kind aus der Wiege nimmt (ebd.). Was in späterer Zeit die Sprache leistet, läuft daher zunächst über »dialogähnliche Strukturen« ab, die der Vokalisierung der Affekte, ihrem mimischen Ausdruck und den »Körperrhythmen zwischen Mutter und Kind« eigen sind (Krause 1983, S. 1026).

Die Differenziertheit der von Geburt an beobachtbaren Affekte, die sich an den unterschiedlichen Gesichtsausdrücken ablesen lassen, entspricht ihrer biologischen Funktion, mit der Mutter über eigene Bedürfnisse zu kommunizieren, solange das Kind noch nicht über Sprache verfügt. Wenn aber die von der Säuglingsforschung beschriebenen Basisaffekte derart differenziert sind und das Kind seine kommunikativen Fähigkeiten mit der Mutter durch den Austausch von Affekten entwickelt, dann sollte man doch die Triebtheorie zugunsten einer von ihr unabhängigen Affektlehre aufgeben: »Zwei Triebe«, so meint Dornes, »Libido und Aggression sind einfach zu wenig, um acht oder neun Primäraffekte zu erklären« (Dornes 1992, S. 149).

Es stellt sich jedoch die Frage, ob sich die durch die Säuglingsbeobachtung *von außen* betrachteten Affekte so einfach mit den von Freud beschriebenen *inneren* Kräften der Triebe vergleichen lassen, die sich der bewussten Wahrnehmung entziehen und deren Wirksamkeit allein durch freies Assoziieren und durch Träume, Fehlleistungen und Symptombildungen erschlossen werden können.

In seiner Begeisterung für die Primäraffekte übersieht Dornes zudem die Bedeutung des von ihm selbst erörterten Umstandes, dass es »Grundbedürfnisse und Motive« gibt, »die von den Basisaffekten [...] nicht abgedeckt werden« (Dornes 1997, S. 43). Dabei stößt er einerseits auf »das Bedürfnis nach Sicherheit und Bindung an eine andere Person« sowie auf »das Bedürfnis und die Fähigkeit zu sinnlichem Vergnügen und sexueller Erregung« (ebd.). Andererseits thematisiert er in einem eigenen Kapitel die Aggression der Menschen, die sich in »Krieg, Terrorismus, versuchtem Genozid« so zeige wie in »Entführung, Raub und Überfall« oder »schweren Verkehrsunfällen auf Autobahnen« (ebd., S. 244).

Die Argumentation von Dornes ist widerspruchsvoll: Zwar behauptet er, dass die Affekte der neueren Säuglingsforschung die Freud'sche Triebtheorie widerlegen. Aber nachdem er die entsprechenden Forschungsergebnisse vorgestellt hat, räumt er ein, dass es »Grundbedürfnisse und Motive« gibt, die von den Basisaffekten nicht abgedeckt werden. Wenn er dann einerseits auf das Bedürfnis nach Bindung, nach Sinnlichkeit und Sexualität und andererseits auf die menschliche Aggression zu sprechen kommt, dann sucht er nach neuen Erklärungsmodellen für Phänomene, die sich im Rückgriff auf das Konzept von Libido und Aggression triebtheoretisch erklären lassen.

Ein alternatives Konzept, das Affekte und Triebe integriert, hat Otto F. Kernberg beschrieben.

Kernbergs Versuch der Vermittlung von Affekten und Trieben

Otto F. Kernberg (1992) hat den Versuch unternommen, die Einsichten der neueren Säuglingsforschung in eine psychoanalytische Motivationstheorie zu integrieren, die Affekte und Triebe miteinander verknüpft. Seines Erachtens macht die kommunikative Funktion der Basisaffekte darauf aufmerksam, dass der Säugling seine Affekte in der Interaktion mit der Mutter entwickelt. Wie die Objektbeziehung mit der Mutter die Affekte des Säuglings aktiviert, so werden die »frühen, von Affekten durchdrungenen Objektbeziehungen direkt im affektiven Gedächtnis fixiert« (S. 19). Der Umstand, dass »demselben Objekt gegenüber [...] unterschiedliche Affektzustände zum Tragen kommen« können, ermöglicht »eine ökonomische Erklärung dafür, wie Affekte miteinander verknüpft« werden (ebd.).

Bei dem Versuch, die sich in Objektbeziehungen entwickelnden Affekte zu den Trieben in Beziehung zu setzen, lässt sich Kernberg davon leiten, dass Freud den Sexualtrieb »als eine hierarchisch übergeordnete Organisation der aus einer früheren Entwicklungsphase stammenden sexuellen Partialtriebe« begreift (S. 13). Auch wenn orale, anale, voyeuristische oder auch sadistische Partialtriebe physiologisch keine Verbindung miteinander haben, so werden sie doch »im Laufe der Entwicklung psychisch miteinander verknüpft« und bilden dann die komplexere Organisation der Libido (ebd.).

Ähnlich wie dieses Verhältnis zwischen Partialtrieben und Sexualtrieb konzipiert Kernberg das Verhältnis von Affekten und Trieben. So bezeichnet er die von der neueren Säuglingsforschung untersuchten Basisaffekte als »primitive Affekte« (ebd., S. 16), die er als »die primären psychobiologischen ›Bausteine‹ der Triebe« betrachtet (Kernberg 1995, S. 40). Bei diesen primitiven Affekten, die »in den ersten zwei oder drei Lebensjahren« ihre Wirkung entfalten, stehen die psychophysiologischen Verhaltensmuster und die mimisch-kommunikativen Funktionen im Vordergrund (Kernberg 1992, S. 16). Die Triebe begreift er dagegen als »abgeleitete Affekte«, die sich aus der »Kombination der primitiven Affekte« zu komplexeren Affekten ergeben, die kognitiv ausdifferenziert sind und bei denen die »psychischen Aspekte« dominieren (ebd.):

> »Zum Beispiel kann aus der lustvollen oralen Reizung beim Stillen und der lustvollen analen Reizung bei der Sauberkeitserziehung eine verdichtete Erinnerung an lustvolle Interaktionen mit der Mutter hervorgehen, so daß sich orale und anale Entwicklung verschränken. Andererseits können sich gleichsinnige aggressive Affektzustände, die bei wütenden Reaktionen auf Versagungen in der oralen Phase und bei Machtkämpfen in der analen Phase auftreten, miteinander verbinden und sich auf diese Weise zum Aggressionstrieb zusammenfügen. Außerdem kann sich die intensive, positive affektive Besetzung der Mutter, die das Kind während der Übungsphase des Trennungs- und Individuationsstadiums ausbildet, später mit einem sexuell geprägten Verlangen nach ihr verbinden, das sich der Aktivierung genitaler Gefühle in der ödipalen Entwicklungsphase verdankt. Grundsätzlich lassen sich die Affekte der sexuellen Erregung und der Wut als die zentralen organisierenden Affekte der Libido auf der einen und der Aggression auf der anderen Seite auffassen« (ebd., S. 19).

Während Kernberg derart zu beschreiben versucht, wie sich die Komplexität der Triebe aus den primären Affekten des Säuglings entwickelt, beschreibt er an anderer Stelle die Erwachsenenpersönlichkeit, bei der sich die Affekte als Abkömmlinge unbewusster Triebkonflikte dechiffrieren lassen. In Anlehnung an Jacobson kommt Kernberg daher beispielsweise zu folgendem Schluss: Wenn der Analytiker in der therapeutischen Situation beim Patienten einen libidinösen oder aggressiven Triebabkömmling diagnostiziert, dann erlebt der Analysand unter dem Eindruck eines sexuellen oder aggressiven Affekts eine Repräsentanz (sinnlich-bildhafte Vorstellung) seines Selbst in einer bestimmten Beziehung zu einer Repräsentanz eines anderen Menschen.

> »Und wann immer wir den Affektzustand des Patienten explorieren, stoßen wir auf einen kognitiven Aspekt, der gewöhnlich eine von dem Affektzustand geprägte Beziehung des Selbst zu einem Objekt darstellt« (ebd., S. 18).

In »den kognitiven Beziehungen zwischen Selbst- und Objektrepräsentanz und zwischen dem Selbst und konkreten Objekten« spiegeln sich daher »die kognitiven Elemente von Trieben« (ebd.).

Wie elegant Kernbergs Vermittlungsversuch von empirischer Affektforschung und Triebtheorie auch erscheint, bei eingehender Betrachtung zeigt sich doch, dass seine Reformulierung der Triebtheorie neue Verwirrungen stiftet. Wenn er Affekte und Triebe im Rahmen einer psychoanalytischen Motivationstheorie integriert, dann setzt er sich über das methodologische Problem hinweg, dass sich Affekte und Triebe nicht einfach vergleichen lassen.

In der Säuglingsforschung haben naturwissenschaftliche Experimente dazu geführt, dass aufgrund von Videoaufzeichnungen von Gesichtsausdrücken verschiedene Affekte beobachtbar wurden. In der therapeutischen Praxis besteht das methodologische Problem hingegen darin, dass der Therapeut durch die Erzählungen des erwachsenen Patienten auf im Alltag auftretende Konflikte aufmerksam wird, die mit dem Ausagieren heftiger Affekte oder mit dem Auftreten von Symptombildungen verbunden sind, welche sich als Reinszenierung unbewusster Triebkonflikte im Kindes- und Jugendalter interpretieren lassen.

Bei den Affekten der Säuglingsforschung handelt es sich zweifellos um kommunikative Affekte, die sich auch als »soziale Affekte« (Trauer, Freude, Wut, Scham), als »Informationsverarbeitungsaffekte« (Überraschung, Interesse) und »Notfallaffekte« (Angst, Ekel) (Krause 1983, S. 1017) zusammenfassen und in der Mutter-Kind-Interaktion einer *objektiven Beobachtung* unterziehen lassen. Dagegen handelt es sich bei den von Freud beschriebenen Trieben um intrinsische Affekte, die das Resultat einer metapsychologischen Konstruktion sind, mit deren Hilfe sich die durch die *Interpretation* der Erzählungen der Patientinnen und Patienten erschlossenen unbewussten Kräfte in ein Konzept übersetzen lassen, das die Symptombildung psychodynamisch erklärt.

Wie bereits ausgeführt wurde, orientiert sich diese psychologische Konstruktion am biologischen Vorbild der Selbst- und Arterhaltungstriebe. Wenn Kernberg (1992) die Triebe als aus den Basisaffekten »abgeleitete Affekte« auffasst, die er »Emotionen und Gefühlen« gleichsetzt (S. 16), dann halbiert er den Freud'schen Triebbegriff, weil er nur noch jenen Triebrepräsentanzen Rechnung trägt, denen das Ich aufgrund ihrer Vereinbarkeit mit der kulturellen Moral einen Zugang zum Bewusstsein erlaubt. Durch die Reduktion auf »Emotionen und Gefühle« spart Kernberg dagegen jene archaischen Triebimpulse aus, die das Ich aufgrund ihrer sozialen Anstößigkeit der Verdrängung unterzieht und die sich für die Unterdrückung durch »Ersatzbefriedigungen« (Fehlleistungen, Träume, neurotische Symptome) rächen (Freud 1909b, S. 52).

Wenn Kernberg davon spricht, dass sich die »primitiven Affekte« bereits »in den ersten zwei oder drei Lebensjahren« zeigen, bevor sich aus ihnen die komplexer ausgestalteten »abgeleiteten Affekte« kombinieren (Kernberg 1992, S. 16), dann setzt er sich über entscheidende Unterschiede in der kognitiven und affektiven Entwicklung vom Säugling zum Kleinkind hinweg. Denn obwohl sich Kernberg explizit auf die Forschungsergebnisse der neueren Säuglingsforschung bezieht, verwischt er die wesentlichen Differenzen zwischen dem durch seinen handelnden Umgang mit den Dingen denkenden Säugling und dem zur Symbolbildung fähigen Kleinkind, dessen Denken sich durch Spielen und Sprechen ausdrückt:

> »Da von den ersten Lebenswochen an hochdifferenzierte Aspekte von Affekten in Verhalten, Kommunikation und Psychophysiologie des Säuglings zu beobachten sind, können wir wohl davon ausgehen, daß die Fähigkeit, Lust und Schmerz subjektiv zu erleben, schon sehr früh vorhanden ist. Falls es also zutrifft, daß Affekt- ebenso wie Wahrnehmungs- und motorische Schemata von Geburt an wirksam

> sind, so haben wir im subjektiven Erleben von Lust und Schmerz (Subjektivität) die erste Stufe des Bewußtseins und ebenso die erste Entwicklungsstufe des Selbst vor uns« (ebd., S. 28).

Zweifellos handelt es sich beim Säugling um ein Individuum, das über erhebliche kognitive Kompetenzen verfügt und dessen Erleben bereits sehr differenziert ist. Aber in Bezug auf den Säugling von »Subjektivität« zu sprechen, stellt sich als problematisch dar, weil er noch nicht über Bewusstsein verfügt. Wenn Jean Piaget (1945) von einer sensomotorischen Intelligenz spricht, dann meint er damit, dass der Säugling sich die Mutter aufgrund der mangelnden Verfügung über Symbole noch nicht in ihrer Abwesenheit vorstellen und sie auch noch nicht fantasieren kann. Vielmehr nutzt er ihre Anwesenheit, um die von der Mutter ausgehenden Sinneseindrücke – ihren Geruch, die durch die Berührung ihrer Haut und Kleidung ausgelösten Reize und den Tonfall ihrer Stimme – zu verarbeiten und aktiv handelnd auf sie zu reagieren: Die Summe dieser Empfindungen, welche die Anwesenheit der Mutter auslöst, verschwindet, sobald sich die Mutter entfernt. Aber da die Erfahrungen mit ihr genau wie die Erfahrungen mit anderen Objekten – einer Rassel oder Milchflasche – im Gedächtnis gespeichert werden, wird das Objekt wiedererkannt, sobald die Mutter oder das Spielzeug erneut auftaucht.

> »Wenn das Objekt wieder erscheint, erkennt er es wieder. Die Aufzeichnungen vergangener Erfahrungen werden dann aktiviert und mit den gegenwärtigen Sinneseindrücken verglichen. Der Säugling verfügt über ein Wiedererkennungsgedächtnis – Rekognition –, nicht aber über ein entwickeltes evokatives Gedächtnis« (Dornes 1997, S. 48).

Da die sensomotorische Entwicklung des Säuglings bedeutet, dass sich seine kognitiven Fähigkeiten und seine Affekte in einer sinnlich-unmittelbaren Interaktion mit der Mutter und der Welt der unbelebten Objekte entfalten, sind auch weitere Ausführungen von Kernberg schlichtweg unhaltbar. Zunächst einmal charakterisiert er das »primitive affektive Gedächtnis« des Es dadurch, dass es durch »Affektzustände hoher Intensität« bestimmt werde, denen entsprechend das Individuum »sehr erfreuliche (lustvolle) oder sehr unerfreuliche (qualvolle) Erfahrungen« macht, die ein intensives unbewusstes »Begehren« erzeugen, das sich dann in entsprechenden konkreten Wünschen ausdrücke (Kernberg 1992, S. 25f.). Davon zu unterscheiden seien die Erinnerungsstrukturen des Ichs, dessen Lernen »in schwachen oder gedämpften Affektzuständen« stattfinde und »in der Beziehung zur unmittelbaren psychosozialen Umwelt differenzierteres Wahrnehmen und wirkungsvolleres Handeln« ermögliche (ebd., S. 26).

Vor dem Hintergrund dieser Einschätzungen konstruiert Kernberg das frühe kindliche Erleben auf die folgende Weise:

> »Das subjektive Erleben in Affektzuständen hoher Intensität leitet den Aufbau einer inneren Welt ein, die sich nach und nach aufteilt in eine tiefe Schicht von Phantasiebildern, die an die während der intensiven Affektzustände verinnerlichten Objektbeziehungen gebunden sind, und eine oberflächlichere Bilderschicht. Letztere ›durchsetzt‹ die kognitiv realitätsnäheren Wahrnehmungen der äußeren Realität, die das Kind in Zuständen normaler, niedriger Affektintensität ausbildet, wenn es aufmerksam seine Umgebung erforscht. [...]
>
> Frühe Affektzustände hoher Intensität, mit denen das Kind auf Versagungen reagiert, lösen primitive Fantasien aus, in denen sensorische Wahrnehmungserfahrungen zum einen frustrierende ›Objekte‹ symbolisieren und zum anderen bald auch Versuche, die unerträglichen Objekte ›auszustoßen‹, und wütende Wünsche, sie zu zerstören. Dabei formt sich die Frustrationserfahrung um in die Phantasie, angegriffen und bedroht zu werden. Die Verdrängung von angenehmen, mit intensiven Affekten verbundenen Erfahrungen – besonders von Zuständen sexueller Erregung, die mit unannehmbaren, auf Elternobjekte gerichteten Phantasien einhergehen – erfolgt also erst nach der Verdrängung aggressiver Wünsche und Phantasien, die bereits dem dynamischen Unbewußten angehören. Die mit primitiven Fantasien verbundenen unbewußten Abwehrvorgänge sowie die späteren Abwehrvorgänge, welche die Verdrängung sekundär verstärken, bewirken schließlich die ›Verdrängung‹ der tiefsten, unbewußten Schicht aggressiv und libidinös besetzter Objektbeziehungen – des Es« (ebd., S. 31f.).

Wie Melanie Klein (1927, 1962) spricht Kernberg nicht nur dem Ich die Fähigkeit zur Fantasiebildung zu, sondern redet auch von »primitiven Phantasien« der unbewussten Erlebnisorganisation des Es. Dabei unterstellt er, dass schon der Säugling die sich mit der Mutter herstellende Objektbeziehung »verinnerliche«. Unter dem Eindruck einer Versagung würde das »introjizierte« mütterliche Objekt als bedrohlich »symbolisiert« und aggressive Impulse wecken, unter deren Einfluss das innere Objekt als verfolgend »phantasiert« würde. Die sich auf diese Weise einstellenden Ängste könnten nur durch die »Projektion« des als gefährlich fantasierten Objekts in die Außenwelt »abgewehrt« werden.

Doch die empirische Forschung hat gezeigt, dass der Säugling zu derart komplizierten psychischen Operationen nicht in der Lage ist. Wenn der Säugling unter der Frustration leidet, dass die Mutter oder die Milchflasche nicht erscheint, dann vermisst er etwas, »aber er weiß nicht, worunter er leidet und was er vermißt« (Dornes 1997, S. 49).

> »Die Realität kann nicht umphantasiert werden, sondern ist, wie sie ist – gut oder schlecht [...]. Ist sie schlecht, so hat der Säugling unangenehme Empfindungen, aber keine bösen Selbstrepräsentanzen, die er projizieren könnte. Die unangenehmen Empfindungen versucht er durch Schreien, Strampeln, Einschlafen etc. loszuwerden, aber nicht durch Projektion von Repräsentanzen. [...] Erst *nach* dem Erwerb der Symbolfunktion – mit etwa zwölf bis achtzehn Monaten – ist das möglich« (ebd.).

Das Denken des Säuglings »ist überwiegend handlungs- und wahrnehmungsgebunden, sensomotorisch, nicht symbolisch« (ebd.). Aus diesem Grund verfügt der Säugling auch nicht über primitive Abwehrmechanismen, denen entsprechend er versagende Objekte projizieren könnte. Vielmehr kann das Kind nur »Abwehrmaßnahmen« durchführen, indem es durch sein Handeln eine mit unlustvollen Affekten verbundene Wahrnehmung zu vermeiden sucht: »Es sieht weg, wenn eine Mutter kommt, die ihm überwiegend unangenehme Empfindungen bereitet hat« (ebd., S. 49f.). Dornes gelangt daher zu Recht zu dem Schluss, dass auch die Theorie über den Primär- und den Sekundärprozess überarbeitet werden müsse:

> »Das erste Denken des Kindes ist nicht primärprozeßhaft, sondern sensomotorisch, nicht realitätsabgewandt-halluzinatorisch, sondern realitätszugewandt und von der Realität abhängig. Es gibt kein Den-

> ken ohne Handeln und Wahrnehmen. Primärprozeßdenken, dessen zentrale Charakteristika Verdichtung und Verschiebung *innerhalb eines Symbolgefüges* sind, ist erst ab eineinhalb Jahren möglich« (ebd., S. 50).

Das bedeutet aber, dass der Kontakt zwischen Mutter und Kind nicht über psychische Operationen abläuft, denen entsprechend der Säugling Vorstellungen, Fantasien und Affekte projiziert. Vielmehr drückt er seine Affekte durch seine Mimik und Gestik und damit durch sein interaktionelles Verhalten aus, an dem die Mutter durch das szenische Zusammenspiel mit dem Kind Anteil hat.

Wie irreführend Otto F. Kernbergs (1992) Ausführungen sind, weil er die Einsichten der neueren Säuglingsforschung nicht systematisch in eine entsprechende Klärung der psychoanalytischen Begrifflichkeit zu übersetzen versteht, illustriert auch sein Beispiel für »die frühesten symbolischen Aktivitäten: Wenn […] ein Licht im Raum angeht, zeigt dies dem Kind an, noch bevor es die Mutter selbst wahrnimmt, daß sie da ist und es vielleicht füttern wird« (ebd., S. 29). Kernberg irrt, wenn er glaubt, dass unter solchen Bedingungen »einfache Assoziation und konditionierte Reflexe in symbolisches Denken umschlagen«, in dem »ein einzelnes Element aktiv eine gesamte Sequenz repräsentiert« (ebd.). Denn wenn ein Licht im Raum das Erscheinen der Mutter signalisiert, dann handelt es sich hierbei um einen »Hinweisreiz« (Dornes 1997, S. 90), weil das Licht assoziativ mit der Mutter verknüpft wird. Das ist so ähnlich, »wie Pawlows Hund beim Ton der Glocke speichelte, weil Glocke und Wurst assoziativ verknüpft sind, und nicht, weil sich der Hund beim Ton der Glocke die Wurst bildlich vorstellt« (ebd.).

Wenn der Säugling ein Licht im Raum als Hinweisreiz auf die Mutter auffasst, dann handelt es sich um eine »bedingte Evokation« (ebd., S. 91). Erst wenn der Säugling zu »freier Evokation« in der Lage ist, wenn er also durch ein Spiel mit Objekten eine Vorstellung »unabhängig von aktuellen Wahrnehmungen hervorrufen« kann, ist es möglich, vom Fantasieren und damit von einer ersten Symbolbildung zu sprechen (ebd.).

Obwohl Kernberg sich zu Recht darum bemüht, Affekte und Triebe miteinander zu verknüpfen, ist sein Vermittlungsversuch zum Scheitern verurteilt. Er setzt sich zwar mit den Einsichten der empirischen Säuglingsforschung auseinander, durchdenkt jedoch ihre Konsequenzen für die psychoanalytische Theoriebildung nicht systematisch und integriert deren Erträge nur oberflächlich durch eine freundliche Übernahme begrifflicher Konstruktionen.

Damit bleibt die Frage aber nach wie vor ungeklärt, wie sich die Einsichten der empirischen Säuglingsforschung zur Affektentwicklung des Kindes mit der aus der klinischen Praxis der Psychoanalyse entwickelten Triebtheorie vermitteln lassen.

Triebe und Affekte als Ausdruck des Gelingens von Individuations- und Sozialisationsprozessen

Affektkommunikation und Mentalisierung

Die Frage, wie die Mutter und das Kind Affekte austauschen, soll anhand des Problems der Regulation der Affekte des Kleinkindes durch die Mutter erörtert werden. Mit eben dieser Frage setzen sich Peter Fonagy und Mary Target (2002) auseinander, die vor dem Hintergrund der neueren Säuglingsforschung untersucht haben, wie sich von den ersten Lebensmonaten an die Kompetenz zur Mentalisierung entwickelt. Damit ist die kognitive Fähigkeit gemeint, im menschlichen Geist (»mind«) die Realität zu repräsentieren (abzubilden), ohne dass die Gedanken die Wirklichkeit unmittelbar widerspiegeln. Unter »Mentalisierung« wird auch verstanden, Wünsche, Gedanken und Überzeugungen für das Verhalten von sich selbst und von anderen Menschen vorstellen zu können.

Während die Affekte des Neugeborenen »primäre Emotionen« darstellen, die anfangs unkontrollierbare »Reaktionen auf Reize« sind, wird die »Affektregulation« durch die Mutter sichergestellt, welche »die automatischen Emotionsäußerungen des Kindes wahrnimmt und darauf mit angemessenen affektmodulierenden Interventionen reagiert« (S. 841). Eine »emotionale Selbstkontrolle« gelingt erst dann, wenn sich dank der Spiegelung durch die Mutter »sekundäre Regulations- oder Kontrollstrukturen« über die primären Repräsentationen des Kindes aufgebaut haben, mit deren Hilfe sich die eigenen Emotionen registrieren, auswerten oder auch unterdrücken lassen, »wenn die antizipierte automatische [Affekt-]Reaktion höherrangige kognitive Absichten zu gefährden droht« (ebd.).

Damit wird aber wie in der neueren Säuglingsforschung unterstellt, dass schon das Neugeborene »eine beträchtliche biosoziale Bereitschaft dafür mitbringt, Emotionen zum Ausdruck zu bringen und emotional zu kommunizieren« (Fonagy/Target 2002, S. 845). Kleinkinder unterscheiden sehr genau »mimische Muster emotionalen Ausdrucks« und bemühen sich um die Aufrechterhaltung der affektiven Kommunikation (ebd., S. 847). Wenn eine Face-to-Face-Interaktion mit der Mutter abrupt unterbrochen wird, versuchen Kleinkinder schon im Alter von drei Monaten, aktiv das Kommunikationsmuster wiederherzustellen (ebd., S. 846). In dem »affektiven Kommunikationssystem«, das die Mutter mit dem Kleinkind bildet, fällt ihr die Aufgabe zu, den Gefühlsausdruck des Neugeborenen »zu erkennen« und »ihre eigenen affektiven Antworten« darauf einzustimmen, »um so die emotionalen Verfassungen« des Kindes »zu modulieren« (ebd.).

Die Beobachtung von Eltern, die ihre Kleinkinder beruhigen, hat gezeigt, dass sie einen negativen Gefühlsausdruck wie Ärger empathisch aufgreifen und spiegeln, ihn aber durch Unterbrechungen abschwächen. Einerseits erlebt das Kind »seine Wirksamkeit und Macht«, weil es das Spiegeln des Erwachsenen hervorrufen kann (ebd., S. 850). Andererseits bemerkt es eine »positive Modifikation seiner eigenen negativen Verfassung«, die dem Kleinkind dabei hilft, den negativen Gefühlsausdruck des Ärgers leichter zu ertragen und sich auf diese Weise zu beruhigen (Affektregulation).

Eben dadurch, dass die Eltern »ihren spiegelnden Affektausdruck ›markieren‹« (ebd., S. 851), indem sie das Gefühl des Ärgers ein wenig übertreiben, vermitteln sie ihm zweierlei: Das Kind kann in dem markierten Affektausdruck die eigene Emotion wiedererkennen, aber zugleich verhindert die Markiertheit des gespiegelten Affektausdrucks, dass das Kind die gezeigte Emotion des Ärgers den Eltern zuordnet. Wäre das Kind »einem tatsächlich ärgerlichen Gefühlsausdruck« des Erwachsenen ausgesetzt, käme es zu negativen emotionalen Reaktionen. Wird dem Kleinkind dagegen ein markierter Affektausdruck gespiegelt, in dem sein negativer Affekt durch spielerische Übertreibung »entgiftet« wird, »dann wird das Kind mit hoher Wahrscheinlichkeit eine positive Erfahrung machen, indem es nämlich erfolgreiche Affektregulation erlebt« (ebd., S. 852).

Welche Konsequenzen das markierte Spiegeln von Affektausdrücken hat, zeigt sich im zweiten Lebensjahr, wenn das Kleinkind »Als-ob-Spiele« begreift und selbst initiiert: Wenn nämlich der (durch Übertreibung!) markierte spiegelnde Gefühlsausdruck des Erwachsenen eine sekundäre Repräsentation darstellt, die sich assoziativ mit der primären Emotion des Säuglings verknüpft, dann wird beim Wiederauftauchen der negativen Emotion »automatisch diese […] sekundäre emotionale Repräsentation in der Wahrnehmung des Babys aktiviert, was das Kind befähigt, die jeweilige emotionale Verfassung sich selbst zuzuschreiben« (ebd., S. 853).

Das bedeutet Folgendes: Eben dadurch, dass die Mutter den Ärger des Kindes auf eine markierte Weise spiegelt, organisiert sich seine Erfahrung, »und es ›weiß‹ nunmehr, was es fühlt« (ebd., S. 853). »Die mütterliche Repräsentation des kindlichen Affekts wird internalisiert und damit zur höherrangigen Repräsentation der eigenen Erfahrung des Kindes« (ebd.). Hätte die Mutter dagegen den Ärger des Kindes nur gespiegelt, hätte der Spiegelungsprozess »sein symbolisches Potenzial« verloren und das Kind wäre diesem negativen Affekt hilflos ausgeliefert gewesen.

Auf diese Weise entwickelt sich auf der Basis einer sicheren Bindung, wie sie sich auf der Grundlage des von Geburt an zustande kommenden »affektiven Kommunikationssystems« der Mutter-Kind-Dyade entwickelt (ebd., S. 846), die Fähigkeit zur Mentalisierung: Wie das Kind dank der markierten Spiegelung die eigenen Emotionen als solche erst erkennt, so macht es zugleich die positive Erfahrung, dass sich negative Affekte kontrollieren und regulieren lassen, ohne dass etwas Katastrophales geschieht.

Affekte und Subjektivität

Während die von Peter Fonagy und Mary Target (2002) geleistete Untersuchung der Affektregulation ein Beispiel für die selbsttheoretische und objektbeziehungstheoretische Forschung ist, geht es Alfred Lorenzer (1981) auf der Grundlage einer interaktions- und sozialisationstheoretischen Rekonstruktion der Triebtheorie darum, wie durch die Mutter-Kind-Interaktion die psychische Organisation der Subjektivität hergestellt wird, der das die Triebe beherbergende Unbewusste zugrunde liegt und die durch das über Sprache und Bilder kommunizierende Ich konstituiert wird. Wie diese beiden Ansätze sich komplementär ergänzen, so stellt Lorenzers Sozialisationstheorie zugleich eine Konstruktion dar, auf deren Basis sich – wie es bereits Matthias Baumgart (1991) unternommen hat – die miteinander nicht kompatiblen Konzepte der psychoanalytischen Entwicklungstheorie und der neueren Säuglingsforschung vermitteln lassen.

Was die interaktions- und sozialisationstheoretische Rekonstruktion der Triebtheorie leistet, wird fassbar, wenn man sich mit Lorenzer vergegenwärtigt, wie sich in Auseinandersetzung mit Freuds erstem und zweitem Strukturmodell (»Topik«) die drei Bedeutungsebenen der psychischen Organisation beschreiben lassen: das Unbewusste, das Vorbewusste und das Bewusste.

Das Unbewusste: Die Matrix für die Entwicklung der Affekte

Das auch als das Es bezeichnete Sinnsystem des Unbewussten lässt sich als das Reservoir für die Triebe bezeichnen. Die Matrix dieser sinnlich-unmittelbaren Verhaltensorganisation der Persönlichkeit bilden die Erfahrungen, die der Embryo im Interagieren mit dem mütterlichen Organismus sammelt:

> »Die Aktionen und Reaktionsweisen der Mutter gehen bestimmend in das Zusammenspiel zwischen Embryo und mütterlichem Organismus ein, und dieses Zusammenspiel schlägt sich in seinen konkreten Einzelschritten nieder in sensomotorischen, organismischen Formeln. Jede ablaufende Interaktion prägt die Form der zukünftigen Interaktionen« (Lorenzer 1981, S. 85f.).

Wenn sich aber der Embryo in dem Maße entwickelt, wie sich ein Zusammenspiel von kindlichen Körperbedürfnissen und den Reaktionen des mütterlichen Organismus herstellt, das sich in seiner Erfahrungsstruktur niederschlägt und den Ausgangspunkt für die nachfolgende Interaktion bildet, dann kann man mit Lorenzer davon sprechen, dass sich die Triebimpulse als das Resultat dieses Interagierens begreifen und deshalb als sinnlich-unmittelbare »Interaktionsformen« bezeichnen lassen. Mit dem Begriff der Interaktionsform ist hier nicht die sich zwischen Selbst und Objekt entwickelnde Form der Interaktion, sondern der *innere Niederschlag* des sensomotorischen Interagierens in der Erfahrungsstruktur des Kindes gemeint. Während das intrauterin ablaufende physiologische Zusammenspiel des Embryos mit dem mütterlichen Organismus auf einfacheren Formen von Reiz-Reaktions-Abläufen beruht, wird das sensomotorische Interagieren durch den Aufbau zentralnervöser Schaltungen komplizierter, welche die Interaktionen registrieren, zusammenfassen, integrieren und nach ihrer Lust- oder Unlust-Qualität sortieren.

> »Es versteht sich weiterhin, daß das physiologische Zusammenspiel der intrauterin ineinandergreifenden Organabläufe nach der Geburt noch weiter aufgefächert und kompliziert wird durch das gestische Zusammenspiel zwischen Mutter und Kind. Aber auch dann verbleibt die Registrierung und Organisation der Erlebnisstruktur fürs erste auf der sinnlich-organismischen Organisationsebene. An der Einheit von Erleben und sensomotorischem Interagieren ändert der große Einschnitt der Geburt nichts. Auch während der Geburt und nach der Geburt gilt: Das Erleben baut auf einem sinnlichen Wechselspiel des Interagierens auf, ist Resultat eines realen Interaktionsspiels, wobei die sinnliche Erfahrung der Interaktionssituation Schritt für Schritt das sensomotorisch-organismisch organisierte Substrat des Erlebens verändert. Daraus folgt, daß jede abgelaufene Interaktion in die Struktur der Interaktionsformen eingeht, die als Erwartungsmodelle künftigen Interagierens fungieren. Der embryonale und frühkindliche Bedarf wird auf diese Weise zum spezifischen Bedürfnis geformt« (ebd., S. 85f.).

Was damit gemeint ist, dass sich der »diffuse Körperbedarf« des Kindes durch das Interagieren mit der Mutter in ein »spezifisches Körperbedürfnis« verwandelt (ebd.), veranschaulicht Lorenzer auf die folgende Weise:

> »Die Art und Weise, wie ein Kind von der Mutter in den Arm genommen wird, bildet einen Erlebnis*inhalt*, eine ›gestische Figur‹, die dessen eigenes – aktives –Verhalten formt und als – passive – Erwartung festgehalten wird. Die Wiederholungen der Szene ›festigen‹ die Form,

> der Ausfall der Wiederholung erzeugt Unlust, Angst, Gegenreaktionen, nämlich Aggression usw. Der Bedarf, der in einer realen Situation seine Stillung gefunden hat, wird in der Interaktionsform zum *Anspruch*, die Befriedigung in einer spezifisch einsozialisierten Weise zu erhalten« (ebd., S. 87f.).

Das Kind bringt in die Interaktion mit der Mutter libidinöse und aggressive Triebimpulse ein, die seinem körperlichen Bindungsbedarf und seinem Drang nach Selbstbehauptung entsprechen. Aber *wie* dieses Verlangen nach Körperkontakt und nach Eigenaktivität befriedigt wird, hängt davon ab, wie die Mutter ihrer jeweiligen Affektlage entsprechend darauf eingeht. Je nachdem, ob sie warmherzig auf das Kind reagiert, es bereitwillig und liebevoll an sich drückt und Verständnis dafür zeigt, dass es selbstständig mit Objekten umgehen und sie ausprobieren will, oder ob sie angespannt ist, sich durch die kindliche Bedürftigkeit überfordert fühlt, es abweisend auf dem Arm hält, seinen Tatendrang einschränkt oder unterbindet, so entwickeln sich in der Affektkommunikation zwischen Mutter und Kind ganz unterschiedliche Szenen, aufgrund derer libidinöse und aggressive Wünsche auf sehr unterschiedliche Weise inhaltlich ausgeformt werden.

Da sich solche Szenen immer wieder auf die gleiche Weise wiederholen, weil die eine Mutter liebesfähiger und verständnisvoller, die andere hingegen angestrengt, affektdistanziert und verständnislos ist, entwickeln die Kinder ganz unterschiedliche Wünsche. Während das eine Kind es als befriedigend erlebt, Nähe und Kontakt mit anderen Menschen herzustellen, braucht das andere Kind Abstand und fühlt sich im Kontakt nur bei einer gewissen Distanz wohl. Während das eine Kind Lust daran hat, einen Raum in Besitz zu nehmen und mit den Dingen zu experimentieren, reagiert das andere Kind gehemmt und macht sein Handeln in seiner Unsicherheit von der Billigung der Mutter abhängig.

Das heißt, dass die konkreten Triebwünsche das Resultat eines sinnlich-unmittelbaren Interagierens mit der Mutter sind, das über Mimik, Gestik und Tonfall des Sprechens so einsozialisiert wird, dass der Säugling die Mutter aufgrund der seiner Erfahrungsstruktur eingeschriebenen Interaktionsformen/Triebregungen wiedererkennt, auch wenn er sich die Mutter noch nicht vorstellen kann.

Diese Überlegungen sind deshalb wichtig, weil es einen von Hans Georg Furth (1987) beklagten Irrtum vieler Psychologinnen und Psychologen bildet, »den ganz kleinen Kindern Phantasiebildung und die Fähigkeit zum Aufbau von Bildern abwesender Objekte zuzuschreiben« (S. 101). Wenn beispielsweise davon die Rede ist, dass der Säugling halluziniere, Größenfantasien ausbilde und aggressive Fantasien projiziere, dann unterstellen wir dem Säugling, dass er über innere Bilder und Fantasien verfügt. Wie unhaltbar dieses Konzept ist, haben auch Zelnick/Buchholz (1991) und Dornes (1992, S. 164ff.) schon kritisiert.

Jean Piagets (1945) Untersuchungen zur kognitiven Entwicklung der Intelligenz zeigen nämlich, dass das Kleinkind in den ersten anderthalb Lebensjahren noch nicht über die für ein »evokatives Gedächtnis« (S. 240) erforderlichen »Vorstellungsbilder« verfügt, »die als Bilder im Unbewußten selbst deponiert wären«, sondern allein über »Handlungsschemata«, welche die Summe der durch den Umgang mit dem Objekt koordinierten Sinneseindrücke bilden (ebd., S. 241): »Das Kleinkind erkennt einen Gegenstand oder eine Person wieder, soweit es auf sie so reagieren kann, wie es das vorher getan hat« (ebd.). Da das Handeln des Kleinkindes in einem unmittelbaren Reagieren auf die Situation aufgeht, erwirbt es durch das sinnlich-unmittelbare Interagieren mit der Mutter und mit den Dingen »sensomotorische Schemata«. Zugleich entwickelt es »affektive Schemata«, weil es im Kontakt mit Mutter und Vater einfach eine Art erwirbt, »zu reagieren und zu empfinden«, die es »im Falle einer subjektiv analogen Situation verallgemeinert« (ebd., S. 242).

Piaget weist im Rahmen seiner Studien zur kognitiven Entwicklung nach, dass der Säugling eine sensomotorische Intelligenz entwickelt, der entsprechend er denkt, indem er Objekte handhabt und mit ihnen handelt, und zwar lange bevor er zur Symbolbildung fähig ist und ein Bewusstsein entwickelt. Furth (1987) spricht daher in Bezug auf die sensomotorische Intelligenz von einem »Aktions-Ich«, weil es beim Säugling um ein Ich geht, das durch seine Aktionen die Objekte wahrnimmt und durch sein Handeln individuelle Erfahrungen sammelt. Entscheidend ist für dieses frühe Entwicklungsstadium, dass »die Libido […] in den gerade verfügbaren Aktionen verausgabt« wird und daher nicht gebunden und »nicht entladen« wird (Piaget 1945, S. 105).

Alfred Lorenzer (1981) versucht nun im Zuge seiner Reinterpretation der Freud'schen Triebtheorie, die Affekte interaktionstheoretisch zu fassen: Indem er das Unbewusste als ein Gefüge sensomotorischer Interaktionsformen beschreibt, hebt er darauf ab, dass die Triebstruktur der intrapsychische Niederschlag eines Reiz-Reaktions-Zusammenspiels zwischen Mutter und Kind ist, das Resultat also von kindlichen Körperbedürfnissen, die durch das über Gesten vermittelte Interagieren mit der Mutter bzw. den Eltern geformt werden und eben jenes innere Gefüge der Interaktionsformen ausbilden, das die Matrix für die weitere Entwicklung der Affekte darstellt.

Wenn sich aber die Triebe in dem Maße inhaltlich ausformen, wie sie durch das körperliche Interagieren mit der Mutter auf eine kulturspezifische Weise befriedigt werden, dann sind die sinnlich-unmittelbaren Interaktionsformen einerseits das Resultat der entwicklungspsychologisch fassbaren Ausdifferenzierung der kindlichen Triebnatur und andererseits das Ergebnis einer sozialisationstheoretisch fassbaren gesellschaftlichen »Herstellung« der Triebe. Zugleich sind die Interaktionsformen, welche die im Körper wurzelnde Affektstruktur bilden, das Ergebnis »einer eigentümlichen Privatheit der jeweiligen Mutter-Kind-Einheit« (Lorenzer 1981, S. 89).

Die Mutter interagiert mit dem Kind nicht nur auf der Grundlage einer gesellschaftlichen Praxis, der entsprechend sie in einer bestimmten sozialen Klasse und in einem spezifischen sozialen Milieu lebt. Vielmehr reguliert die Mutter die Affektkommunikation mit dem Kind auch auf der Grundlage der eigenen Subjektivität, wie sie sich im Verlaufe ihrer jeweiligen Lebensgeschichte entwickelt hat. Wie sehr die Mutter ihren Umgang mit dem Kleinkind auch bewusst reflektiert, da der Säugling noch nicht zur Symbolbildung in der Lage ist, ist das Interagieren zwischen dem Selbst und dem Objekt »sinnlich-organismisch und vorsprachlich« und schlägt sich daher in der kindlichen Erfahrungsstruktur in sinnlich-unmittelbaren Interaktionsformen nieder, die »als Verhaltensentwuf im Sensomotorium des Körpers« abgelagert und »zentralnervös [...] in den Gehirnzonen für Körpersensibilität und Körpermotorik« registriert werden (ebd., S. 152).

Doch auch wenn sich die Mutter empathisch auf die Bedürfnisse des Kindes einlässt, kommt die im Zuge des sensomotorischen Interagierens zustande kommende Einigung mit dem Kind »unter dem Diktat der mütterlichen Formgebung« zustande (ebd.). »Diese Dominanz gründet sich auf die Tatsache, daß das Kind nicht ohne Mutter, die Mutter jedoch sehr wohl ohne das Kind existieren kann« (ebd.).

Die Enge der Mutter-Kind-Dyade wird jedoch schon auf der Bedeutungsebene des sinnlich-unmittelbaren Interagierens relativiert, sobald der Vater in das Interagieren mit dem Kind einsteigt und durch sein Interagieren die Exklusivität der Mutter-Kind-Dyade zu einem familialen Erfahrungsspielraum erweitert, in dem das Kind eine erste Freiheit dadurch gewinnt, dass es sich nicht nur mit weiblich-mütterlichen, sondern auch mit männlich-väterlichen Interaktionsangeboten auseinandersetzen kann. Dass die Aufgabe, »den Platz in der Mutter-Kind-Dyade für andere Personen freizugeben« (ebd., S. 153), auch verweigert werden kann, lässt sich an manchen Müttern mit schwerwiegender Psychopathologie zeigen, die »an der exklusiven Verfügung über das Kind« festhalten und es so in einer »folie à deux« gefangen halten, dass dem Kind nur der Ausweg bleibt, »die Einigungsformeln dieser Mutter-Kind-Dyade zu repetieren« und andere Personen als fremd abzulehnen (ebd., S. 154).

Eine von der Mutter und den anderen Familienangehörigen unabhängige Eigenständigkeit gewinnt das Kind sodann dadurch, dass es mit Gegenständen zu hantieren beginnt. Ob das Kleinkind lernt, einen Löffel zum Mund zu balancieren, ohne den Brei zu verschütten, ob es auf einem Stuhl zu sitzen lernt, ohne herunterzufallen, ob es sich damit auseinandersetzt, Schubladen zu öffnen und zu schließen, ohne dass sie sich verkanten, ob ein Kleinkind den Pullover anzuziehen lernt, ohne ihn anschließend verkehrt herum zu tragen, ob es die Treppe allein hinauf- und hinuntergehen kann, ohne zu fallen, ob das Schulkind die Schnürsenkel zur Schleife bindet oder ob es die Straße überquert, ohne sich selbst zu gefährden, in allen diesen Fällen setzt sich das Kind »unmittelbar« mit den ein bestimmtes Verhalten abverlangenden Objekten einer »kollektiven Praxis« auseinander. Nur in dem Maße, wie das Kind die Verhaltensmuster erlernt, die ihm der jeweilige Gegenstand als Objektivation dieser gesellschaftlichen Praxis abverlangt, gelingt ihm eine sachgerechte Beherrschung des Gegenstands.

> »Gewiß, wir haben auch das mütterliche Verhalten und gleichfalls das Verhalten der familialen Bezugspersonen als Teil kollektiver Praxis ausgewiesen. Aber beide Male treten die gesellschaftlichen Formen nicht unvermittelt an das Kind heran. Sie werden von Mutter, Vater und den anderen übersetzt; sie werden übersetzt in das Zusammenspiel mit dem Kind. Erst im Umgang mit dem Gegenstand werden die gesellschaftlichen Formen unmittelbar handgreiflich [...]. Doch geht die gesellschaftliche Form [die Gesellschaft produziert auf der Grundlage ihrer Produktionsweise spezifische Gegenstände, deren sachgerechte Beherrschung vom Kind eine bestimmte soziale Anpassung verlangt] keineswegs umstandslos in den Kopf und den Körper des Kindes ein – auch hier ist die Erlebnisform das Resultat eines Interaktionsspiels, ist die Interaktionsform der Niederschlag des Interagierens. Das Feld des Interagierens hat hier allerdings eine weitere, seine dritte Dimension gewonnen: Aus der *dyadischen Enge* und dem *familialen Spielfeld* erwächst die Weite der *Praxisgemeinschaft kollektiv-handlungsrelevanter Gruppen*« (ebd., S. 156).

Auch die durch den Umgang mit Gegenständen entwickelten sinnlich-unmittelbaren Interaktionsformen sind für die Persönlichkeitsbildung in zweierlei Weise wichtig. Einerseits ermöglicht der Umgang mit den Gegenständen »die Entfaltung von Eigenaktivität aus dem Dominiertwerden in der Mutter-Kind-Dyade« (ebd.). Andererseits führt der Umgang mit den Objekten zu einer Sozialisation durch die von der Gesellschaft produzierte Welt der Gegenstände, die damit noch unterhalb der Grammatik von Sprache »als Träger kollektiv vereinbarter Bedeutungen« fungieren (ebd., S. 157).

Die individuelle Triebstruktur, die sich zu Beginn des Lebens durch die Affektkommunikation mit Eltern und Geschwistern sowie durch das sinnlich-unmittelbare Interagieren mit der Welt der Gegenstände aufbaut, stellt daher ein sozial hergestelltes Gefüge unbewusster Affekte dar, das sich auf einer neuen Erfahrungsebene organisiert, sobald sich auf der Grundlage dieser unbewussten Interaktionsformen das Ich konstituiert. Hierbei handelt es sich um ein Gefüge symbolischer Interaktionsformen, das sich als intrapsychischer Niederschlag eines über den Austausch signifikanter Gesten regulierten Interagierens erweist und die Affekte bewusst macht.

Das Vorbewusste: Die sinnlich-bildhafte Inszenierung der Affekte

Wenn das Kind das Spiel mit einem Gegenstand dazu nutzt, um seine Affekte auf eine sinnlich-bildhafte Weise zu inszenieren, dann kann man mit Alfred Lorenzer von einer »ersten präverbalen Symbolbildung« sprechen, mit der sich die erste Organisationsform des Ichs konstituiert (Lorenzer 1981, S. 158). Ein Beispiel dafür ist das von Freud im Alter von anderthalb Jahren beobachtete Kleinkind, das »gewissenhaft die Verbote« befolgte, »manche Gegenstände zu berühren und in gewisse Räume zu gehen« (Freud 1920, S. 12). Auch »weinte es nie, wenn die Mutter es für Stunden verließ, obwohl es dieser Mutter zärtlich anhing« (ebd.).

> »Dieses brave Kind zeigte nun die gelegentlich störende Gewohnheit, alle kleinen Gegenstände, deren es habhaft wurde, weit weg von sich in eine Zimmerecke, unter ein Bett usw. zu schleudern, so daß das Zusammensuchen seines Spielzeugs oft keine leichte Arbeit war. Dabei brachte es mit dem Ausdruck von Interesse und Befriedigung ein lautes, langgezogenes o-o-o-o hervor, das nach dem übereinstimmenden Urteil der Mutter und des Beobachters keine Interjektion war, sondern ›Fort‹ bedeutete. Ich merkte endlich, daß das ein Spiel sei, und daß das Kind alle seine Spielsachen nur dazu benütze, mit ihnen ›fortsein‹ zu spielen. Eines Tages machte ich dann die Beobachtung, die meine Auffassung bestätigte. Das Kind hatte eine Holzspule, die mit einem Bindfaden umwickelt war. Es fiel ihm nie ein, sie zum Beispiel am Boden hinter sich herzuziehen, also Wagen mit ihr zu spielen, sondern es warf die am Faden gehaltene Spule mit großem Geschick über den Rand seines verhängten Bettchens, so daß sie darin verschwand, sagte dazu sein bedeutungsvolles o-o-o-o und zog dann die Spule am Faden wieder aus dem Bett heraus, begrüßte aber deren Erscheinen jetzt mit einem freudigen ›Da‹. Das war also das komplette Spiel, Verschwinden und Wiederkommen, wovon man zumeist nur den ersten Akt zu sehen bekam, und dieser wurde für sich allein unermüdlich als Spiel wiederholt, obwohl die größere Lust dem zweiten Akt anhing« (ebd., S. 12f.).

Freud deutet das Spiel mit der Holzspule dahingehend, dass das Kind den negativen Affekt bewältigt, den das »Fortgehen der Mutter« auslöste, »indem es dasselbe Verschwinden und Wiederkommen mit den ihm erreichbaren Gegenständen selbst in Szene setzte« (ebd., S. 13). Lorenzer spricht von einer »ersten Symbolbildung«, weil das Kind »eine sinnlich-unmittelbare Interaktion« mit der Mutter »durch eine andere sinnlich-unmittelbare Interaktion« inszeniert (Lorenzer 1981, S. 159). Da beide Szenen auf der »Bühne sinnlich-unmittelbaren Interagierens« stattfinden, spricht Lorenzer von »sinnlich-symbolischen Interaktionsformen« (ebd., S. 160f.).

Da der Umgang mit einem negativen Affekt dadurch gemildert wird, dass ein Triebanspruch mit einem Objekt (der Mutter) verknüpft wird, hat auch die sinnlich-symbolische Interaktionsform sowohl eine triebtheoretische als auch eine objektbeziehungstheoretische Seite: Wenn Freud davon spricht, dass die »große kulturelle Leistung des Kindes« in dem »Verzicht auf Triebbefriedigung« besteht, »das Fortgehen der Mutter ohne Sträuben zu gestatten«, dann hebt er auf das triebtheoretische Problem ab, dass das Kind durch das Spiel mit der Garnrolle einen libidinösen Konflikt verarbeitet. »Es war dabei passiv, wurde vom Erlebnis betroffen und bringt sich nun in eine aktive Rolle, indem es dasselbe, trotzdem es unlustvoll war, als Spiel wiederholt« (Freud 1920, S. 13).

Diese triebtheoretische Interpretation bleibt unvollständig, wenn man sie nicht durch eine objektbeziehungstheoretische Rekonstruktion ergänzt: Da das achtzehn Monate alte Kind gerade erst dabei ist, aus den lustvollen Interaktionsformen die Imago einer guten Mutter innerlich aufzubauen, stellt sich die frühkindliche Situation noch dramatischer dar, als Freud es getan hat, denn das Kind, das von der Mutter allein gelassen wird, droht von der Angst überflutet zu werden, dass die Mutter geht und es selbst seinem Schicksal überlässt. Aufgrund des Fehlens guter innerer Objekte, deren Konstanz sich in diesem Alter gerade erst herzustellen beginnt, kann das Kind den negativen Affekt noch nicht durch die Vorstellung aushalten, dass die Mutter, von der es gerade verlassen worden ist, wieder zurückkehren wird. Durch das Spiel mit einer Holzspule, die es verschwinden lässt und wieder hervorzieht, kann sich das von Freud beobachtete Kind hingegen vergegenwärtigen, dass die Mutter es zwar verlässt, aber zurückkehren wird.

Das fantasievolle Interagieren mit der Garnrolle, das eine spielerische Verfügung über eine Situation erlaubt, die mit einem

Triebverzicht konfrontiert und zugleich Angst vor Trennung von einem Objekt auslöst, konstituiert auf diese Weise sinnlich-symbolische Interaktionsformen«, welche »die erste Ich-Struktur« bilden (Lorenzer 1981, S. 162).

> »Die sinnlich-symbolischen Interaktionsformen sind die erste Schicht dieser Subjektivität. Sie sind die Basisschicht der Subjektivität, die Grundlage von Identität und Autonomie und insofern die Schaltstelle der Persönlichkeitsbildung überhaupt« (ebd., S. 163).

Solange das Kind seine Triebregungen durch ein sensomotorisches Interagieren mit der Mutter entfaltet, passt sich das Kind der Umwelt an. Auf der Grundlage dieser sinnlich-symbolischen Interaktionsformen, die damit die »Tiefenschicht« des Ichs bilden (ebd., S. 162), vermag sich das Kind dagegen die Umwelt aktiv anzueignen. Das Spiel mit Gegenständen ermöglicht dem Kind eine erste »Eigenverfügung und Selbständigkeit«, aufgrund derer es den durch das Interagieren mit Anderen ausgelösten negativen Affekten weniger ausgeliefert ist, weil es sie nun auf eine sinnlich-symbolische Weise so verarbeiten kann, wie das dem Ich fortan in verschiedensten Lebenssituationen möglich ist.

Das Bewusste: Die in Sprache übersetzten Affekte

Das von Freud so bezeichnete »Bewusste« lässt sich als die zweite Organisationsform des Ichs begreifen, die sich in dem Maße konstituiert, wie das Kind Affekte in Sprache übersetzt. Wenn die Mutter beispielsweise das Wort »Mama« ausspricht und damit der Interaktionsszene mit dem Kind einen »Namen« gibt, dann hört das Kind den Lautkomplex »Mama« und »gelangt über die tastenden Versuche des Brabbelns dazu, dieses Wort nachzusprechen« (Lorenzer 1981, S. 90). Damit erschließt sich dem Kind eine ganze neue Form der Affektkommunikation:

> »Schlug sich bislang das Interagieren zwischen Mutter und Kind in der Mutter-Kind-Einheit in einem zunächst gesamtorganismischen und dann gestischen Zusammenspiel nieder, so verbindet sich diese

> Wechselspielsituation nun mit einem anderen Wechselspiel, einem zweiten kleinen Gestaltkreis, der vom Ohr über die Sprachzentren zum Kehlkopf verläuft und der mit der eigenen Lautgebung des Kindes wieder über das Ohr und die Sprachzentren des Kindes den Kreis schließt. Dieser kleinere Gestaltkreis steht für den größeren. Mutter und Kind einigen sich auf ein Lautsignal, nämlich das Wort ›Mama‹, das nun zum Symbol für die gesamte körperliche Wirklichkeit wird. In der *einen* Situation der Einführung des Wortes ›Mama‹ überlagern sich zwei mit unterschiedlichen Sinneserfahrungen und motorischen Reaktionen verknüpfte Körperkreise: der organismisch-gestische Reaktionskomplex des Zusammenspiels mit der Mutter und der akustisch-lautmotorische Reaktionskomplex, beides im Spiel mit dem Wort ›Mama‹. Zu der Interaktionsform, die sich in der Einführungssituation realisiert, tritt die Sprachfigur, der Name hinzu, der sich nun mit der Situation verbindet« (ebd., S. 90).

Was sich physiologisch als die Verbindung eines Interaktionsengramms mit einem Lautengramm im Zentralnervensystem beschreiben lässt, heißt sozialisationstheoretisch, dass »Sprachsymbol und Interaktionsform« eine »bewußte Praxisfigur« bilden, die sprachsymbolische Interaktionsform (ebd.).

Mithilfe der Sprache kann das Kind die mit unterschiedlichen Affekten verbundenen Situationen, über die es nun aufgrund der zugehörigen Namen verfügt, »probehandelnd« durchspielen. Es kann mittels der Sprache »alle möglichen Situationen miteinander vergleichen«, einzelne Szenen zur Gesamtheit der eigenen Lebenssituation in Beziehung setzen und daher seine Affekte und auch die eigene »Identität reflektieren« (ebd., S. 91). Und da mithilfe der Sprache »alle Situationen in einen logischen Zusammenhang« gefügt werden, lassen sich »die sinnlich-unmittelbar erfahrenen Situationen insgesamt« systematisieren, was die Basis unseres eigenständigen Handelns darstellt (ebd., S. 92).

Aber wie groß auf kognitiver Erlebnisebene auch der Gewinn ist, dank der Sprache nicht mehr auf die spontan auftretenden Affekte und augenblicklichen Situationen unmittelbar reagieren zu müssen, sondern fortan in Gedanken frei über sie verfügen zu können, die Bindung des Interagierens an Sprache bedeutet auch »die Nötigung, die eigenen sensomotorischen Reaktionen einem kollektiv vereinbarten Normensystem zu unterwerfen« (ebd.).

Das bedeutet, dass das Kind durch den Sprachgewinn auf der affektiven Erfahrungsebene auch eine Freiheit verliert,

> »[nämlich] die Möglichkeit, voll und ganz in der jeweiligen Situation aufzugehen und ohne Rücksicht auf andere Situationen oder das Gesamt der Lebensführung mehr oder minder unbehindert zu agieren (was Freud mit dem Begriff des ›polymorph-perversen‹ Verhaltens gekennzeichnet hat)« (ebd.).

Der Spracherwerb schränkt die Freiheit, einander widersprechenden Triebregungen spontan nachzugeben, nach Lust und Laune den einen oder anderen Affekten durch das Interagieren mit anderen oder durch das Spiel mit Gegenständen auszuleben, zusehends ein. Denn das Kind gerät in erheblichem Maße unter den Druck, sich der Stimme der Vernunft zu fügen, mit der die Eltern ihm fortan gut zureden. So liegt die Mutter dem Kleinkind mit den Worten in den Ohren, es sei »brav«, wenn es sich die Zähne putze, und »böse«, wenn es in der Nase bohre. Ebenso spricht die Mutter den Ungehorsam des Kindergartenkindes durch die ermahnende Frage an, ob es »nicht hören« könne, und stellt eine Strafe als »logische« Folge seines Fehlverhaltens dar. Und wenn die Mutter das Schulkind mit den Worten maßregelt, es dürfe erst draußen mit anderen Kindern spielen, wenn es die Schularbeiten erledigt habe, dann wird eine mit positiven Affekten verbundene Szene mit einer Szene der Pflichterfüllung verknüpft und eine moralische Ordnung errichtet, in welcher die Arbeit wichtiger ist als das Spiel.

So wird fassbar, was Lorenzer damit meint, dass durch die Spracheinführung das »unbewußt einsozialisierte System der Interaktionsformen, die wir insgesamt als Trieb bezeichnen«, mit dem »System der Sprachfiguren« verknüpft wird, von denen »jede einzelne den Anspruch des ganzen Sprachsystems festhält, die Affekte dem bewußten Konsens der Normen zu unterwerfen« (ebd., S. 110).

Ein weiteres Problem besteht darin, dass das Kind nicht alle Triebregungen in Sprache übersetzen kann, weil »der Umfang der Sprachfiguren viel enger ist als der Umfang der [sinnlich-unmittelbaren] Praxisfiguren« (ebd., S. 93). Hinzu kommt, dass aufgrund der über die Ordnung der Sprache transportierten

Moral zahlreiche Affekte, die das Kind gewohnt war, »ohne Rücksicht auf andere Situationen oder das Gesamt der Lebensführung mehr oder minder unbehindert zu agieren« (ebd., S. 92), fortan als sozial anstößig gelten und daher von der öffentlichen Kommunikation ausgeschlossen bleiben. Aber über dem Umstand, dass die herrschende Moral sich des kollektiven Systems der Sprache bedient, um den mit den traditionellen Normen unvereinbaren Triebregungen die sprachliche Lizenzierung zu verweigern, darf nicht übersehen werden, was bereits ausgeführt wurde: Sprache befreit aus den Zwängen von sensomotorischen Reiz-Reaktions-Abläufen, weil sie das Individuum eben dadurch zum Subjekt macht, dass durch die Verknüpfung der unbewussten Affekte mit Namen eine bewusste Selbstverfügung und damit auch die Fähigkeit zur Selbstreflexion ermöglicht wird.

Symbolische und begriffliche Intelligenz und das Konstrukt eines doppelbödigen Ichs

Wenn man Lorenzers (1970a) Kritik des psychoanalytischen Symbolbegriffs folgt, dann kann man die Symbole nicht mehr wie Ernest Jones (1919) als Ausdruck des Unbewussten verstehen, das »Traumsymbole« produziert. Vielmehr ist den Einsichten der mathematischen Logik, der Sprach- und Entwicklungspsychologie sowie der Sprachphilosophie entsprechend davon auszugehen, dass das Es »als Energiezentrum« zu betrachten ist, »von dem aus sich die Besetzungen [der Triebe] auf die Repräsentanzen richten«, und das Ich »eine einzige Bildungsinstanz« darstellt, der »von der Traumproduktion bis zu den hochentwickelten abstrakten Operationen […] die Funktion der Symbolbildung zukommt« (Lorenzer 1970a, S. 71). Unter diesen Umständen stellt sich die Frage, wie die beiden Denkprozesse einzuordnen sind, die Freud unter dem Namen des »Primärprozesses« und des »Sekundärprozesses« beschreibt.

Wenn Freud von »unbewußten seelischen Vorgängen« spricht (Freud 1911, S. 231), dann meint er damit die »primäre« Tendenz des psychischen Apparates, Lust zu suchen und Unlust zu vermeiden. Diesen Primärprozess ordnet Freud daher den Triebregungen des Unbewussten zu. Was gewünscht wird, wird diesem »Lustprinzip« entsprechend »einfach halluzinatorisch gesetzt«, so wie das in Tagträumen oder auch in Nachtträumen geschieht (ebd.). Aber da der psychische Apparat die Erfahrung mache, dass das Gewünschte häufig mit der Realität kollidiert, entwickele sich in Anpassung an die Erfordernisse der Außenwelt der das Bewusstsein beherrschende Sekundärprozess, für den das »Realitätsprinzip« charakteristisch sei (ebd., S. 232): Anders als unter der Herrschaft des Lustprinzips werde fortan »nicht mehr vorgestellt, was angenehm« ist, vielmehr konfrontiere das Realitätsprinzip damit, »was real war, auch wenn es unangenehm sein sollte« (ebd.).

Während Freud dem Primärprozess eine frei abströmende psychische Energie zuordnet, die »ohne Hindernisse nach den Mechanismen der Verschiebung und der Verdichtung von einer Vorstellung zur anderen übergeht«, begreift er den Sekundärprozess als eine »gebundene« und »in kontrollierter Form« abströmende psychische Energie, bei der durch den Aufschub von Befriedigungen »psychische Erfahrungen« gemacht werden, »die die verschiedenen möglichen Befriedigungswege erproben« (Laplanche/Pontalis 1967, S. 397). Der Sekundärprozess laufe daher auf ein das Denken ermöglichendes »Probehandeln« mit »kleineren Besetzungsquantitäten« hinaus (Freud 1911, S. 233).

Vor dem Hintergrund von Lorenzers interaktionstheoretischer Reformulierung der psychoanalytischen Symboltheorie wirft die Erörterung des Primär- und Sekundärprozesses Fragen auf:

1. Die Frage nach dem Ich, in dem sowohl der Primärprozess als auch der Sekundärprozess ablaufen: Lorenzers Ausführungen legen es nahe, das Ich als eine doppelbödige Instanz zu betrachten, in welcher der Primärprozess den sinnlich-symbolischen Interaktionsformen und der Sekundärprozess den sprachsymbolischen Interaktionsformen zugeordnet wird. Aber wenn man beide Formen des Denkens dem Ich zuschreibt, lässt sich dann noch die Einschätzung aufrechterhalten, dass der Primärprozess unbewusst abläuft, während der Sekundärprozess das Vorbewusste und das Bewusste bestimmt?
2. Die Frage nach dem präsentativen Umgang mit Sprache in der frühen Kindheit: Lorenzer setzt im Anschluss an Susanne Langer (1942) diejenigen Affekte, die sich über

> Bilder in sinnlich-symbolische Interaktionsformen transformieren, und jene Affekte, die durch die Verknüpfung mit Wörtern in sprachsymbolischen Interaktionsformen des Ichs übersetzt werden, zu zwei Formen der kulturellen Symbolbildung in Beziehung. Der auf die Macht sinnlich-bildhafter Inszenierungen setzenden präsentativen Symbolik (Rituale und Mythen, Malerei, Bildhauerei und Musik) steht Langer zufolge die diskursive Symbolik der Sprache gegenüber.

Wenn aber die Literatur eine Form der Kunst darstellt, die Langer als präsentativ beschreibt, weil Schriftsteller die Sprache auf eine sinnlich-bildhafte Weise benutzen, dann stellt sich die Frage, ob nicht auch Kleinkinder auf eine präsentative Weise mit Sprache umgehen. Denn bei der im Alter von zwei bis drei Jahren stattfindenden Spracheinführung verhält es sich doch so, dass das Kleinkind die Sprache auf eine sinnlich-bildhafte Weise nutzt. Schon Freud (1905a) spricht davon, dass das Kleinkind »die Worte noch als Dinge zu behandeln gewohnt ist« (S. 134), eine große »Lust am Unsinn« hat und »sich sogar für den Gebrauch unter den Gespielen eine eigene Sprache zurechtmacht« (ebd., S. 140f.).

> »In der Zeit, da das Kind den Wortschatz seiner Muttersprache handhaben lernt, bereitet es ihm ein offenbares Vergnügen, mit diesem Material ›spielend zu experimentieren‹ (Groos), und es fügt die Worte, ohne sich an die Sinnbedingung zu binden, zusammen, um den Lusteffekt des Rhythmus oder des Reimes mit ihnen zu erzielen. Dieses Vergnügen wird ihm allmählich verwehrt, bis ihm nur die sinnreichen Wortverbindungen als gestattete erübrigen« (ebd., S. 140).

Der von Freud angedeutete und anschließend von Lorenzer sozialisationstheoretisch beschriebene Prozess der sprachlichen Disziplinierung, in dessen Verlauf die Triebregungen systematisch der Logik der Sprache unterworfen werden, würde sich dann erst beim Schulkind im Alter von sechs oder sieben Jahren systematisch durchsetzen.

Sowohl die Frage danach, wie sich im Ich Primär- und Sekundärprozess organisieren, als auch die Frage danach, ob sich der affektgesteuerte Umgang mit der Sprache im Verlaufe der frühkindlichen Entwicklung verändert, lassen sich im Rückgriff auf Piagets Einsichten zur Intelligenzentwicklung beantworten: Die Entwicklung der Symbolbildung hängt Piaget zufolge davon ab, *wie* das Kleinkind zur »aufgeschobenen Nachahmung« befähigt wird. Damit ist gemeint, dass das Kind eine Handlungsweise nicht mehr unmittelbar nachahmt, sondern erst dann, wenn sie seiner Wahrnehmung entzogen ist. Wenn aber »die Nachahmung mit zeitlichem Abstand« folgt, dann ist anzunehmen, dass »das äußerlich wahrgenommene Vorbild effektiv durch ein ›inneres Modell‹ ersetzt« wird (Piaget 1945, S. 89).

> »Mit 1;4 (3) bekommt Jacqueline Besuch, und zwar von einem kleinen Jungen von 1;6, den sie von Zeit zu Zeit sieht und der sich im Verlauf des Nachmittags in eine fürchterliche Wut hineinsteigert: Er heult und versucht, aus seinem Laufställchen herauszukommen, und stampft mit den Füßen auf den Boden des Ställchens. J., die noch niemals solche Szenen gesehen hat, betrachtet ihn überrascht und bewegungslos. Doch am folgenden Tag ist sie es, die im Laufställchen schreit und es zu verschieben versucht, wobei sie mehrfach nacheinander leicht mit dem Fuß aufstampft. Die Nachahmung des ganzen Verlaufs ist frappierend; diese Nachahmung hätte natürlich eine Vorstellung nicht impliziert, wenn sie unmittelbar gewesen wäre, aber nach einer Zwischenzeit von mehr als 12 Stunden setzt sie zweifellos ein Element der Vorstellung oder Vor-Vorstellung voraus« (ebd., S. 85).

Während die sensomotorische Intelligenz darauf beruht, dass der Säugling ganz in seiner Wahrnehmung aufgeht und sein Handeln ein unmittelbares Reagieren auf die Situation darstellt, ist die aufgeschobene Nachahmung ein Indiz für die sich vom Handeln unabhängig machende Intelligenz, die mithilfe von Vorstellungen Abwesendes präsent macht. Dabei unterscheidet Piaget zwei Formen der für das Denken charakteristischen »Repräsentation«:

Einerseits sei im Alter von zwei bis sieben Jahren ein *symbolisches Denken* zu beobachten, das auf einer »bildhaften und anschaulichen Vorstellung« beruht (ebd., S. 14). Dieses anschauliche Denken basiere auf einer einfachen Repräsentation durch »das Erinnerungsbild«, das wie bei der aufgeschobenen Nachahmung »abwesende Realitäten« symbolisch vergegenwärtige (ebd., S. 90).

Andererseits entwickele sich von sieben Jahren an das *begriffliche Denken*, das »die Vorstellung nach und nach in operatorisches und reversibles Denken« transformiert (ebd., S. 14). Das operatorische Denken basiere auf einer »begrifflichen Repräsentation«, im Rahmen derer die »abstrakten Schemata« der Sprache Abwesendes symbolisieren (ebd., S. 90).

Im Unterschied dazu läuft die aufgeschobene Nachahmung darauf hinaus, dass sich vor jeder Sprache ein System symbolischer Repräsentation auf der Grundlage konkreter Vorstellungsbilder entwickele. So vermag Jacqueline mit sechzehn Monaten nur deshalb im Ställchen einen Wutanfall zu produzieren, weil sie diese Szene verinnerlicht und ein »inneres Symbol« gebildet hat, ein »inneres Bild«, aufgrund dessen sie sich an den Wutanfall des kleinen Jungen am Vortag erinnern kann. Bildhafte Symbole lassen sich daher als »Konstruktionen« der Intelligenz begreifen, die sich aus der aufgeschobenen Nachahmung ergeben (ebd., S. 94).

Damit wird ein entscheidender Unterschied zwischen dem symbolischen und dem begrifflichen Denken fassbar: Während die sich im Zuge des symbolischen Denkens aufbauenden Bilder »individuell« bleiben, weil das Bild »dem Individuum allein eigen ist und nur dazu dient, seine persönlichen Erfahrungen wiederzugeben« (ebd., S. 96), basiert das begriffliche Denken auf der Sprache, einem »System der kollektiven Zeichen« (ebd.), die »konventionell oder gesellschaftlich festgelegt« (ebd., S. 90) sind. Während die arbiträren, willkürlichen Zeichen der Sprache eine allgemeine Bedeutung haben, haben Bildsymbole stets eine individuelle Bedeutung:

> »Bis in die Tagträumerei, ja selbst bis in den Traum hinein, wandelt sich die Nachahmung von erlebten Szenen sowie von Personen und Dingen, wobei die kleinen Einzelheiten oft besonders genau nachgeahmt werden, in Vorstellungsbilder« (ebd., S. 96).

Während die aufgeschobene Nachahmung der Vorstellungswelt des symbolischen Denkens die bildhaften Zeichen liefert, stellt das Spiel »die Brücke von der Handlung zur Vorstellung« dar (ebd., S. 16). Denn die sensomotorischen Aktivitäten des Säuglings, der Saug- und Greifreflexe übt, verwandeln sich über verschiedene Formen des Spiels, die »aus reiner Funktionslust« ausgeübt werden (ebd., S. 117), in das Symbolspiel, bei dem das »anwesende Objekt […] einfach dazu [dient], das abwesende Objekt wachzurufen« (ebd., S. 130). Wie beim Symbolspiel mithilfe der spielerisch verwandten Objekte »eine nicht gegebene Situation […] geistig hervorgerufen« wird (ebd., S. 131), lässt sich anhand eines Beispiels von Jacqueline illustrieren:

> »[…] J. hat mit 2; 1 (7) Angst auf einem neuen Stuhl bei Tisch. Am Nachmittag setzt sie ihre Puppen in unbequeme Positionen und sagt ihnen: ›Das macht nichts, das geht schon gut‹ […]« (ebd., S. 173).

Piaget erläutert, dass diese Art des Spiels dazu dient, »eine unangenehme Situation zu überwinden, indem sie fiktiv wiedererlebt wird« (ebd., S. 174). Wenn aber Jacqueline die Angst vor dem neuen Stuhl bewältigt, indem sie ihre Puppen im Spiel in dieselbe Situation versetzt und ihnen tröstend das sagt, was die Eltern ihr gesagt haben, dann ermöglicht das Spiel es dem Kind, mittels des symbolischen Interagierens mit den Puppen »sein Gefühlsleben« darzustellen und darüber nachzudenken (ebd., S. 157). Piaget spricht von der »symbolischen Intelligenz«, die es dem Kind im Alter zwischen zwei und sieben Jahren ermöglicht, Wünsche zu realisieren und Konflikte zu beseitigen (ebd., S. 149). Da aber das Symbol des spielenden Kindes »das Produkt eines rein individuellen Denkens« ist (ebd., S. 131), spricht Piaget davon, dass die symbolische Intelligenz auf der Grundlage eines oft unbewussten »Egozentrismus« zustande kommt (ebd., S. 97).

Das begriffliche Denken entwickelt das Kind dagegen von sieben Jahren an, wenn es sich die Regeln der Sprache systematisch aneignet. Während die Entwicklung der Symbole durch die Handlungsweisen des Kindes motiviert sind, bedeutet die Aneignung der Sprache den Erwerb eines Systems der Zeichen, die »willkürlich« oder »konventionell« sind, weil sie auf einer »sozialen Beziehung« beruhen (ebd., S. 131).

Welche Bedeutung die Unterscheidung zwischen dem symbolischen Denken und dem begrifflichen Denken für das psychoanalytische Verständnis der Verbindung von Triebregungen mit sinnlichen Symbolen und Sprachsymbolen hat, lässt sich mit Furth (1987) fassen, der sich darum bemüht hat, »Piagets

Symboltheorie mit Freuds Theorie der Triebbesetzung zu integrieren« (S. 97).

Wenn sich das Kind wie beim Spiel mit der Garnrolle das Verschwinden und Wiederkommen der Mutter vergegenwärtigt, dann bewegt es sich wie Jacqueline, welche die Angst vor dem neuen Stuhl durch das Spiel mit den Puppen bewältigt, auf dem Organisationsniveau der symbolischen Intelligenz. Denn das Spiel mit der Holzspule zeigt, dass es nun über eine bildhafte Vorstellung und damit über ein inneres Symbol der Mutter verfügt, um sich die abwesende Mutter vergegenwärtigen zu können.

Die erkenntnistheoretische Einsicht, dass das Kind nun ein inneres Symbol der Mutter besitzt, stellt das Gegenstück zu der triebtheoretischen Einsicht dar, dass das Kind sich nach der Mutter sehnt, weil es das ihm Lust spendende Objekt libidinös besetzt. Die Voraussetzung dafür, dass das Kind sich die Nähe der Mutter wünscht, dass es sie liebt und begehrt, ist daher, dass es eine symbolische Welt konstruieren kann. Aus dem Aktions-Ich der sensomotorischen Intelligenz ist damit »ein Lust-Ich« (ebd., S. 101) geworden, das dank der Symbole Lust suchen und Unlust vermeiden kann. »Mit dem Aufbau von Symbolen konstruieren Kinder ihre persönliche Lustwelt« (ebd., S. 102). Während Kinder aufgrund ihrer sensomotorischen Intelligenz »sehr genau« wissen, »daß sie nicht an einer Wand oder Decke herumlaufen können«, erlaubt ihnen das symbolische Denken die Freiheit, ein an einer Wand oder Decke entlangfahrendes Auto zu imaginieren (ebd., S. 107).

> »Man kann sagen, daß selbstorientierte Wünsche über Einsicht oder Emotionen über Erkenntnis obsiegen. [...] Sie [die Kinder] haben ein Interesse daran, ihre eigene Wirklichkeit zu konstruieren – um Erkenntnis kümmern sie sich kaum« (ebd.).

Auf der Basis des symbolischen Denkens nutzen Kinder die frei bewegliche Energie des Primärprozesses (ebd., S. 103), um »ihre ödipale Welt« aufzubauen (ebd., S. 105).

Das begriffliche Denken kommt dadurch zustande, dass Kinder im Alter von sechs bis sieben Jahren »die Privatwelt« ihrer in der Ödipusfantasie gipfelnden symbolischen Konstruktionen aufgeben müssen (»Urverdrängung«).

> »Um aber mit anderen, vor allem Gleichaltrigen, in Austausch zu treten und um eindeutig zwischen privater und sozialer Welt zu unterscheiden, sind logische Operationen erforderlich, die auf dem sicheren Fundament der logischen Notwendigkeit aufsitzen. […] Dies impliziert eine entsprechende Modifikation und Kontrolle des Lustprinzips und der freien (das heißt selbst-orientierten) Entladung vom Affekt. Im Ergebnis wird durch die sekundärprozeßhafte Psychologie des Real-Ich eine sozialisierte Welt konstruiert« (ebd., S. 106).

Zwar haben Kinder zwischen zwei und sechs Jahren »ein Gerüst logischer Regulierungen auf der symbolischen Ebene« aufgebaut (ebd., S. 107), aber die Konstruktion dieser »privat-symbolischen Welt« hat »mehr mit Emotionalität als mit Erkenntnis als solcher zu tun« (ebd., S. 106f.). Das begriffliche Denken versetzt Kinder nun »in die Lage […], in ihre symbolische Welt eine gewisse logische Ordnung zu bringen. Jetzt dominiert Erkenntnis über Emotionalität« (ebd., S. 107).

Wenn aber die Durchsetzung des begrifflichen Denkens ab dem Alter von sechs Jahren dazu führt, dass die im ödipalen Drama gipfelnde »private, symbolische Welt der Kindheit« verdrängt wird, dann bedeutet das für die Entwicklung des Ichs Folgendes: Während sich das Es als ein strukturelles Unbewusstes beschreiben lässt, das im Einklang mit einem sensomotorischen Denken und Fühlen »das große Reservoir unbewußter Triebenergie« darstellt (ebd., S. 112), stellt das Ich jene Instanz dar, welche die Triebregungen im Zuge der Besetzung von Objekten in sinnlich-symbolische oder in sprachsymbolische Interaktionsformen verwandelt.

Wenn aber die in den ödipalen Fantasien gipfelnde symbolische Welt der Verdrängung unterzogen wird, dann heißt das, dass man grundsätzlich zwischen zwei Organisationsniveaus des Ichs unterscheiden muss. Während es sich bei der durch das begriffliche Denken ausgezeichneten Instanz um das »Real-Ich« handelt, das bewusst ist und sich auf dem Niveau der Sprache organisiert, ist das dem symbolischen Denken zuzuordnende »Lust-Ich« unbewusst.

Das heißt nun: Wenn von einer Doppelbödigkeit des Ichs gesprochen wird, dann ist daher die Unterscheidung zwischen einem im Medium der Sprache organisierten bewussten Ich und einem sich der Bilder bedienenden vorbewussten Ich vorzunehmen. Der Unterschied zwischen bewusstem und vorbewusstem Ich bedeutet die Differenz zwischen dem magischen Denken des Kindes, das die Welt durch Zauberei zu beherrschen vermag, und dem intellektuellen Denken des Erwachsenen, der der aufgeklärten Logik des rationalen Denkens folgt.

Zusammenfassend lässt sich festhalten, dass sich die Affekte und das Bewusstsein auf die folgende Weise organisieren: Das Individuum lässt sich von seinem intellektuellen Denken leiten. Es vermag Triebregungen in sprachsymbolischen Interaktionsformen auszudrücken, sofern die zum Bewusstsein drängenden Affekte im Einklang stehen mit der Moral, die das Über-Ich und das symbolische Interagieren reguliert. Erweisen sich die Triebimpulse als sozial anstößig, werden sie entweder verdrängt und verschaffen sich gewaltsam über eine Fehlleistung oder über eine neurotische Symptombildung ihren Ausdruck. Oder das Individuum lässt sich von seiner Fantasie leiten und verschafft den sozial unerwünschten Triebimpulsen unterhalb der sprachlichen Reglementierung der Affekte einen sinnlich-symbolischen Ausdruck, für den das Spiel des Kindes, der Witz, der zwischen verschiedenen Individuen stattfindende Austausch von Gesten oder kulturelle Objektivationen wie Kunst und Literatur Beispiele sind.

Die Art und Weise, wie das Individuum empfindet und begehrt, ob es eher zu einem cholerischen oder sanguinischen, zu einem melancholischen oder phlegmatischen Verhalten neigt, das hängt von der Matrix der Triebimpulse ab, die durch das sensomotorische Interagieren zwischen Mutter und Embryo im Uterus und nach der Geburt durch die Affektkommunikation zwischen Mutter und Säugling hergestellt worden sind.

Das auch als das *Es* bezeichnete Unbewusste ist der innere Ort für die Triebe, die als ein Gefüge sinnlich-unmittelbarer Interaktionsformen beschrieben werden, weil sie das Resultat eines sensomotorischen Interagierens zwischen den im Körper wurzelnden Affekten und der gesellschaftlich vermittelten Lebenspraxis ist, welche die Mutter und unter Umständen andere Bezugspersonen wie Vater oder ältere Geschwister an das Kind herantragen.

Das auch als das *Ich* bezeichnete Bewusstsein weist eine doppelbödige Struktur auf: Während sich die Fantasie des Individuums auf das *Vorbewusste* der symbolischen Intelligenz zurückführen lässt, das den inneren Niederschlag der sinnlich-symbolischen Interaktionsformen und damit der sich auf eine sinnlich-bildhafte Weise organisierenden Affekte darstellt, lässt sich die Vernunft des Individuums auf das *Bewusste* der begrifflichen Intelligenz zurückführen, das der innere Niederschlag der sprachsymbolischen Interaktionsformen und damit der sich an Wörter heftenden Affekte ist.

Trieb- und Affektschicksale im Individuationsprozess

Wenn man die von Heinz Hartmann, Ernst Kris und Rudolph M. Loewenstein reformulierte Triebtheorie interaktionstheoretisch begreift, dann stellen sich die von Sigmund Freud beschriebenen Krankengeschichten noch einmal in einem neuen Licht dar und bedürfen daher einer Reinterpretation.

Elisabeth von R.: Die Verdrängung aggressiver Affekte in der hysterischen Problematik

Wenn man sich vergegenwärtigt, dass Elisabeth von R. an »Hysterie« erkrankte, weil sie sich für andere so bedingungslos aufopferte, dann liegt die Annahme nahe, dass sie an den Folgen einer in der frühen Kindheit entstandenen narzisstischen Störung litt. Es ist nämlich anzunehmen, dass die kranke Mutter, die unter einem Augenleiden und unter nervösen Zuständen gelitten hatte, der Tochter nicht genug empathische Zuwendung entgegenbrachte. Aufgrund mangelnder Bestätigung durch die Mutter hätte Elisabeth dann durch Leistung (indem sie Vater und Mutter pflegte und sich um beide Schwestern sorgte) jene Anerkennung gewonnen, die ihr wegen mangelnder Liebe vorenthalten wurde.

Die Worte, dass die Tochter dem Vater den Sohn und den Freund ersetzt habe, sprechen dafür, dass auch der Vater die Tochter der eigenen Bedürftigkeit entsprechend auf eine narzisstische Weise instrumentalisierte. Zugleich bedeutete das überschwängliche Lob des Vaters eine narzisstische Aufwertung, der entsprechend Elisabeth Ehrgeiz entwickelte und daher auch vom

Studieren und von einer musischen Ausbildung träumte. Dass sie den kranken Vater tagsüber pflegte und nachts sein Zimmer teilte, während die Mutter offensichtlich woanders schlief, offenbart das Ausmaß, in dem Elisabeth im Zuge der Pflege ödipale Wünsche auslebte und zugleich in einer narzisstischen Weise über die Mutter triumphierte. Sie vermochte als junge Frau in einer intimen Verbindung mit dem Vater das zu leisten, wozu die kranke Mutter nicht imstande war.

Der aktuelle Anlass für die Erkrankung an »Hysterie« bestand in einem Affektproblem: Zweimal kollidierte ihre Sehnsucht nach der Liebe eines Mannes mit den moralischen Geboten ihres Über-Ichs. Wie sie den Gedanken an die Liebe zu einem jungen Mann verdrängte, weil diese Vorstellung unvereinbar erschien mit der Pflege des Vaters, so verdrängte sie die Vorstellung, am liebsten den Schwager heiraten zu wollen, weil diese Handlung angesichts des Todes der Schwester unmoralisch erschien. Wie diese sozial anstößigen Gedanken der Verdrängung anheimfielen, so wurden die dazugehörigen Affekte in die hysterische Beinlähmung konvertiert. Die Verdrängung der moralisch anstößigen Wünsche bedeutet, dass die sprachsymbolischen Interaktionsformen, die sich in der Verliebtheit in den jungen Mann und in der schwärmerischen Liebe für den Schwager ausdrückten, wieder »desymbolisiert« wurden:

> »Der Gewinn der Versprachlichung der Interaktionsformen wird zunichte. Der Komplex zerfällt in seine beiden Teile: die nun wieder sprachlos gewordenen Interaktionsformen und die von den Emotionen abgetrennten, dem subjektiven Erleben entfremdeten Sprachfiguren« (Lorenzer 1981, S. 110).

Sowohl die Verliebtheit in den jungen Mann als auch die Verliebtheit in den Schwager wurden aufgrund der Desymbolisierung wieder sprachlos und damit auf die Verhaltensebene der unbewussten Interaktionsformen verbannt, die in Reiz-Reaktions-Abläufe eingebunden sind. Der verdrängte Triebwunsch rächte sich freilich für seine Unterdrückung durch das Ich, indem er dem ursprünglichen Impuls eine »Ersatzbefriedigung« verschaffte, »die sozial zugelassen« war. Aus dem Affekt der Verliebtheit wurde daher die schmerzhafte Beinlähmung.

Zwar verweist der »wollüstige Kitzel«, den Freud beim Kneipen und Drücken der schmerzenden Beine bemerkte (Freud 1895, S. 198), auf die der Hysterie zugrunde liegende ursprüngliche Lust der Verliebtheit, die mit der Vorstellung verbunden gewesen sein könnte, nicht mehr bei Vater und Mutter *sitzen* zu bleiben, sondern mit einem jungen Mann oder dem Schwager davonzu-*laufen*. Jedoch wurde dieser libidinöse Wunsch vermittels der Hysterie unter dem Druck eines rigiden Über-Ichs der Flucht in die Krankheit geopfert, mit der sich Elisabeth für ihre verbotenen Wünsche so bestrafte, wie sie derart alle Familienmitglieder dazu zwang, sich fortan um sie zu kümmern.

So einleuchtend Freuds Interpretation auch ist, so unübersehbar ist es aus der Perspektive der von Hartmann, Kris und Loewenstein überarbeiteten Triebtheorie, dass zur hysterischen Beinlähmung nicht nur die Verdrängung libidinöser, sondern auch aggressiver Triebimpulse geführt hat. Bei Elisabeth handelt es sich um eine selbstbewusste Frau, deren Tatendrang so groß war, dass sie studieren und eine musische Ausbildung in Angriff nehmen wollte. Die Krankheit des Vaters bewirkte freilich, dass sie die aggressiven Impulse, mit Männern in Konkurrenz zu treten, sich von anderen Frauen abzugrenzen und sich selbst durchzusetzen, indem sie durch das Durchlaufen von Bildungsqualifikationen ein selbstbestimmtes Leben auf eigenen Füßen zu führen anfing, aufgab und sich in die traditionelle Rolle weiblicher Fürsorge fügte.

Als sie einsehen musste, dass sie sich zweimal in einen Mann verliebt hatte, ohne dass die jeweilige Liebe Aussicht auf eine Zukunft hatte, als ihr zudem bewusst wurde, dass sie sich sowohl für den Vater als auch für die Mutter selbstlos aufgeopfert und auch beiden Schwestern zur Seite gestanden hatte, nun aber frustriert allein zurückblieb, musste sie einen heftigen Ärger und eine große Wut entwickelt haben, die sie sich aufgrund der sozialen Anstößigkeit dieser Triebimpulse nicht eingestehen konnte und die sie daher verdrängen und gegen die eigene Person wenden musste.

Diese Interpretation legt nahe, dass im Zuge der Verdrängung der aggressiven Impulse auch ein entsprechender Affektbetrag in die hysterische Beinlähmung übersetzt wurde. Wie sich der verdrängte libidinöse Impuls gerade die Beine als Ort der Hysterie ausgesucht hatte, weil Elisabeth sich nach dem einen oder dem anderen Mann sehnte, mit dem sie am liebsten »weggelaufen« wäre, so könnten die verdrängten aggressiven Triebregungen die Beine als Ort der Hysterie gewählt haben, weil sie so wütend auf die Familienangehörigen war, dass sie auf Mutter und Schwestern keinen Schritt mehr »zugehen« wollte, ihre Verwandten sich vielmehr um sie kümmern sollten.

Die Reinterpretation dieser Krankengeschichte zeigt, dass sich nun differenzierter beschreiben lässt, aufgrund welcher Affekte Elisabeth von R. an einem neurotischen Leiden erkrankte: Zweifellos ist die Hysterie die Folge der Verdrängung der Sehnsucht nach einem jungen Mann oder nach dem Schwager, libidinöse Wünsche, die sie als moralisch verwerflich erlebte. Jedoch erkrankte sie auch deshalb, weil sie sich durch die selbstlose Pflege von Vater und Mutter völlig überforderte. Einerseits ist diese Selbstaufopferung darauf zurückzuführen, dass sie – vermutlich aufgrund einer nicht genügend guten Mutter-Kind-Dyade – ein ungestilltes narzisstisches Bedürfnis nach Anerkennung zu befriedigen suchte. Andererseits ist die Selbstaufgabe in der Pflege darauf zurückzuführen, dass sie aggressive Impulse der Selbstbehauptung und Selbstdurchsetzung, aufgrund derer sie eigentlich von einem Studium und einer musischen Ausbildung träumte, gegen die eigene Person wandte.

Der Rattenmann: Die Paralysierung des begrifflichen Denkens im Zwang

Die interaktions- und sozialisationstheoretische Rekonstruktion der Triebtheorie hat unter anderem gezeigt, dass die Entwicklung der Fantasie von der Bildung sinnlich-symbolischer Interaktionsformen abhängt. Der von Freud analysierte »Rattenmann« ist ein Beispiel dafür, wie die Entwicklung schöpferischer Kräfte durch eine Zwangsneurose beeinträchtigt werden kann.

Ernst Lanzer suchte Freud auf, weil ihn der Zwangsgedanke quälte, dass am Vater und an der Freundin die Rattenstrafe verübt werden könnte. Der darauf folgende Zwangsimpuls, sich den Hals abschneiden zu wollen, ist Ausdruck eines Wunsches nach Selbstbestrafung. Enthauptet er sich, büßt er für seine aggressiv-sadistischen Zwangsgedanken und befreit sich durch den Freitod zugleich von der Qual der Zwangsneurose. So wird fassbar, dass im Zentrum der Zwangsneurose unterdrückte aggressive Triebregungen wirksam sind. Und diese aggressiven Affekte richten sich sowohl gegen den Vater und die Freundin als auch gegen die eigene Person.

Die der Krankengeschichte zugrunde liegende traumatische Erfahrung hatte sich im Alter von drei oder vier Jahren ereignet, in dem es um die Entwicklung von Autonomie und Selbstständigkeit und damit um die Entwicklung des Aggressionstriebes im Dienste der Selbstabgrenzung und Selbstbehauptung in der Interaktion mit den Eltern geht. Wie der Junge durch das Beißen der Kinderfrau aggressive Triebimpulse offen auslebte, so eskalierte der Konflikt durch die Prügelstrafe des Vaters. Empört über die Schläge, griff der Sohn den Vater an, indem er ihn mit Worten wie »du Lampe« oder »du Stuhl« beschimpfte. Die Frage des durch die Beschimpfungen erschütterten Vaters, ob aus dem Sohn einmal ein »großer Verbrecher« werde, weckte in Lanzer solche Schuldgefühle, dass er die in der analen Phase entwickelten aggressiven Affekte unterdrückte, weil er sie fortan als asozial und kriminell bewertete.

Die mit der symbolischen Intelligenz einhergehende Freiheit, spontan auftauchenden Impulsen nach Lust und Laune nachzugeben, erlaubte Lanzer jedoch im Alter von vier bis sechs Jahren das Ausleben ödipaler Wünsche, indem er unter die Röcke seiner Kinderfrauen schlüpfte oder sich zu ihnen ins Bett schlich, um ihre Genitalien zu erforschen. Durch die Worte einer Kinderfrau, dass sie für solche verbotenen sexuellen Spiele ins Gefängnis gesperrt werden könnte, werden nun aber auch die sexuellen Wünsche als sozial anstößige Affekte einer moralischen Ordnung unterworfen, deren Ausleben auch wieder strenge Strafen nach sich zieht.

Der Umstand, dass der verliebte Zwölfjährige denkt, ein Mädchen könnte sich mehr für ihn interessieren, wenn er die traurige Geschichte vom Tod des Vaters erzählen könnte, und die Szene, dass der Zwanzigjährige sich ausmalt, die Freundin heiraten zu können, wenn er denn durch den Tod des Vaters dessen Vermögen erben würde, offenbaren das Wiederauftauchen der ödipalen Aggression gegen den Vater in Pubertät und Adoleszenz. Da solche

Wünsche aufgrund ihrer sozialen Anstößigkeit Schuldgefühle hervorrufen, werden sie ins Gegenteil verkehrt und durch die Reaktionsbildung abgewehrt, nämlich dahin, Angst vor einem plötzlichen Tod des Vaters zu haben.

Als Lanzer aufgrund seiner Teilnahme an einer Truppenübung mit einem tschechischen Hauptmann konfrontiert wird, der durch die Parteinahme für die Prügelstrafe und durch das Erzählen der Rattenstrafe die Wiederkehr der ödipalen Aggression gegen den Vater provoziert, wird der Hass auf den Hauptmann zum Einfallstor für die Wiederkehr der infantilen Wut auf den prügelnden Vater, für das Aufflammen von Lanzers Ärger auf den unmoralischen Vater, der einem Kameraden seine Spielschulden nicht zurückzahlte, und für den Groll auf die Freundin, die ihn durch ihre kühle Zurückweisung gekränkt hat. Die negativen Affekte dem Vater und der Freundin gegenüber verkehren sich aufgrund der Liebe zu ihnen und der dadurch bedingten Schuldgefühle sogleich in die Zwangsvorstellung, an ihnen könnte die Rattenstrafe vollzogen werden.

Wie irrational diese Angst ist, vermag Lanzer nicht zu reflektieren, weil die Angst vor der Rattenstrafe das symbolische Denken des Ichs überflutet und das begriffliche Denken paralysiert, sodass der zugrunde liegende Konflikt keiner Realitätsprüfung unterzogen werden kann. Obwohl er eigentlich weiß, dass ihm ein »Postfräulein« die Gebühr für das Versenden des Zwickers ausgelegt hat, leistet er einen uneinlösbaren Schwur – nämlich Oberleutnant A. das Geld zurückzuzahlen –, weil in diesem Augenblick die Angst vor dem Hauptmann und vor der Rattenstrafe, die an Vater und Freundin vollzogen werden könnte, übermächtig wird. Nachdem nun die aggressiven Triebimpulse mit einer Zwangsvorstellung kurzgeschlossen worden sind, vermag das in Panik geratende Ich das hohe Erregungsniveau nur durch eine Zwangshandlung abzuführen.

Auch die Gefühlsambivalenz, die Freundin einerseits zu lieben, andererseits jedoch über sie verärgert zu sein, weil sie ihn einmal abgewiesen hat, vermag Lanzer nicht zum Gegenstand einer sprachsymbolischen Reflexion zu machen, im Zuge derer er die einander widersprechenden Affekte gegeneinander abwägen könnte, um zu einer vernunftgeleiteten Schlussfolgerung zu gelangen. Der Anblick eines Steins auf der Straße provoziert daher das Wiederauftauchen der unterdrückten aggressiven Triebregung gegen die Freundin, die sich kurzschlussartig mit dem Zwangsgedanken verbindet, dass ihr Wagen an diesem Stein Schaden nehmen könnte.

Die durch die aggressive Fantasie ausgelöste Angst des Ichs wird sogleich durch einen überfürsorglichen Verhaltenszwang abgewehrt, der im Dienste der Liebe zur Freundin steht. So kommt es zum ersten Akt der Zwangshandlung, im Zuge derer Lanzer den Stein beiseiteräumt, um die Freundin vor Schaden zu bewahren. Doch sobald er das getan hat, beruhigt sich das Ich wieder und erkennt, dass diese Aktion absurd ist.

Dass Lanzer umkehren muss, um den weggelegten Stein wieder mitten auf der Straße zu platzieren, ist Ausdruck des zweiten Aktes der Zwangshandlung. Die vernünftige Überlegung, dass es absurd ist, den Stein wegzuräumen, verschafft dem aggressiven Triebimpuls gegen die Freundin die Möglichkeit, sich durch das Hinlegen des Steins auf die Straße offener auszudrücken. So könnte der Wagen der Freundin zumindest in der Fantasie noch Schaden nehmen, auch wenn das real höchst unwahrscheinlich ist.

Ob Lanzer einen Schwur leistet, den er nicht einlösen kann, oder ob er den Stein des Anstoßes wegräumt und anschließend zurück auf die Straße legt: Beide Aktionen sind irrational, weil sie wider die vernünftige Einsicht durchgeführt werden (müssen). Weder kann Lanzer dem Schwur entsprechend handeln, weil nicht Oberleutnant A., sondern das Postfräulein Geld für ihn ausgelegt hat, noch kann der Wagen der Freundin an einem kleinen Stein Schaden nehmen. Dass Gedanken ohne Sinn und Verstand in Handeln umgesetzt werden müssen, offenbart, dass Zwangsgedanken und Zwangshandlungen nicht das Resultat eines sprachsymbolischen Interagierens des erwachsenen Ichs sind, das überlegt handelt, sondern das Produkt einer Regression auf das magische Denken des Kindes, das sich als Ausdruck des von Freud so bezeichneten Primärprozesses unterhalb des die Vernunft beherrschenden Sekundärprozesses organisiert.

Zwänge lassen sich mit dem sinnlich-symbolischen Spiel des Kleinkindes mit der Garnrolle vergleichen. Das Kind, das den Verlust der Mutter durch das fantasievolle Spiel mit Gegenständen emotional verarbeitet, nutzt die *Zauberkraft* des magischen

Denkens, indem es durch das Interagieren mit der weggeworfenen und wieder hervorgeholten Holzspule die schmerzliche Interaktionsform mit der verschwindenden, aber doch auch wiederkehrenden Mutter auf eine sinnlich-symbolische Weise reinszeniert.

Lanzers Zwänge bewegen sich ebenfalls auf der Erlebnisebene magischen Denkens, aber in diesem Fall wird das kindliche Ich von Angst und Panik beherrscht. Da Katastrophen drohen, weil die mit dem Hass auf den Hauptmann, mit der Wut auf den Vater und mit dem Groll auf die Freundin verknüpften feindseligen Vorstellungen der das magische Denken beherrschenden »Allmacht der Gedanken« entsprechend mit Taten gleichgesetzt werden, reagiert das in Panik geratene Ich *wie verhext*. Weil die aggressiven Gedanken einer Tat gleichgesetzt werden, müssen auf magische Weise Gegengedanken gedacht werden, um ein Verbrechen zu verhindern. Eben das leistet die Magie der das Böse durch das Gute beschwichtigenden Zwangshandlung.

Das fantasievolle Spiel des Kindes stellt das normale Gegenstück zu den Zwangsideen und Zwangshandlungen des von Angstfantasien eingeholten Neurotikers dar: Das mit Gegenständen spielende Kleinkind bannt Ängste, die im Interagieren mit Mutter oder Vater durch das Versagen seiner Triebwünsche aufkommen, indem es dem magischen Denken entsprechend mit den Dingen zaubert. Das bedeutet, dass Triebimpulse durch die Verbindung mit einem spielerischen Umgang mit Gegenständen in sinnlich-symbolische Interaktionsformen transformiert werden, welche damit die Matrix für die Entwicklung von Fantasie und Kreativität bilden.

Ein Zwangsneurotiker wie Lanzer reagiert dagegen auf die Rattenstrafe des Hauptmanns und auf den Stein des Anstoßes mit solchen Ängsten, dass er auf das magische Erleben des Kleinkindes regrediert. Das mit Angst und Panik reagierende Kind fühlt sich damit einer Hexerei ausgeliefert, bei der nur ein Gegenzauber hilft. Kurzschlussartig werden die magischen Affekte durch die Verknüpfung mit entsprechenden Bildern zu katastrophenartigen Erlebnisschablonen verschweißt, deren destruktive Macht nur durch die Magie der Gegengedanken und der Zwangshandlungen gebrochen werden kann.

Das Verstehen von Affekten in der therapeutischen Arbeit

Szenisches Verstehen von Affekten im Zusammenspiel von Übertragung und Gegenübertragung

Das Problem, wie die Affekte der Patientinnen und Patienten in der psychotherapeutischen Praxis zu verstehen sind, stellt sich vor dem Hintergrund der Forschungsergebnisse der neueren Säuglingsforschung auf die folgende Weise dar: Die Forschungsarbeiten von Rainer Krause zeigen beispielsweise, dass sich klinische Phänomene wie die Übertragung, im Zuge derer der Patient unbewältigte Konflikte und andere Beziehungsqualitäten der Kindheit in der Interaktion mit dem Therapeuten reinszeniert, durch die Beobachtung der Affekte objektivieren lassen, die durch die Gesichtsausdrücke kommuniziert werden. So haben Rainer Krause und Peter Lütolf (1989) eine zwölfstündige Kurztherapie gefilmt und die Mimik des Patienten und des Therapeuten mit dem FACS von Ekman ausgewertet:

> Ein 35 Jahre alter Angestellter entwickelte die Angstfantasie, bei einem Autounfall einen Menschen zu töten, als schuldbewusste Reaktion auf die Erfüllung eines unbewussten Todeswunsches gegen seinen verstorbenen Chef, den er stets gefürchtet und abgelehnt hatte. Seine Neigung, destruktive Wünsche gegen Autoritäten durch ein freundliches und fügsames Auftreten abzuwehren, spiegelte sich während der Therapiestunden dadurch, dass er negative Affekte von Wut, Verachtung und Ekel ständig durch höfliche und freundliche Affekte wie Freude und Lächeln maskierte.

> In der siebten Stunde führte die negative Übertragung dazu, dass er dem Therapeuten unterstellte, er wolle ihn durch sein Schweigen dazu manipulieren, wütend zu werden. Und mit Verachtung fügte er hinzu, dass der Therapeut das aber nicht schaffen werde, weil er seine maßlose Wut auf Autoritäten stets herunterschlucke. Als der Patient in der achten Stunde die im Interagieren mit dem Therapeuten inszenierte Wut bewusst und selbstreflexiv wahrnehmen konnte, ließ mit dieser Bearbeitung des Ambivalenzkonflikts das Maskieren der negativen Affekte durch positive Affekte in hoch signifikanter Weise nach. Wie das Lächeln des Patienten nun offen und ehrlich wurde, weil ihm keine negativen Affekte mehr beigemischt waren, so lächelte nun auch der Therapeut sehr viel mehr als zuvor.

Derart haben Krause und Lütolf durch die Auswertung der Videoaufnahmen einer Psychotherapie empirisch nachzuweisen vermocht, dass sich die therapeutische Arbeit auf das subjektive Erleben des Patienten bezieht, das sich freilich durch die an den Gesichtern von Patient und Therapeut ablesbare Mimik objektivieren lässt.

So erlauben es die Filmaufnahmen, die Qualität der intersubjektiven Beziehung zwischen Patient und Therapeut anhand der durch die Mimik ausgetauschten Affekte festzuhalten. Wie sich die Übertragung als die Folge der zwischen Patient und Therapeut kommunizierten Affekte validieren lässt, so lässt sich der therapeutische Erfolg anhand des Wandels der zwischen ihnen ausgetauschten Affekte objektivieren.

Die durch filmische Beobachtung gewonnenen Einsichten in die Dynamik der kommunizierten Affekte erlaubt es zudem, irreführende theoretische Annahmen wie das Konzept der Projektion zu korrigieren. Krause (1992, S. 183) erläutert dieses Problem anhand eines früh gestörten Patienten, dem traditionellerweise unterstellt würde, feindselige Fantasien auf den Therapeuten zu projizieren. In Wirklichkeit verhalte es sich so, dass sich beispielsweise ein Therapeut aufgrund des mimischen Ausdrucks von Ekel verachtet fühlen kann, mit dem ein Patient die Schilderung der verachtungsvollen Handlungsweisen seines Vaters unwillkürlich begleitet. Während Schüler von Melanie Klein glauben würden, dass der Therapeut sich verachtet fühlt, weil er sich mit der Fantasie identifiziert, die der Patient auf ihn projiziert (»projektive Identifizierung«), zeigt die empirische Beobachtung der zwischen ihnen ausgetauschten Affekte, dass der Patient bestimmte Affekte – in diesem Fall Verachtung – durch seine Mimik ausdrückt und auf diese sinnlich-unmittelbare Weise im Analytiker eine komplementäre Gegenübertragung (sich verachtet zu fühlen) auslöst.

Doch so unübersehbar es ist, dass die intersubjektive Untersuchung der psychotherapeutischen Situation die Frage beantwortet, dass sich der Dialog zwischen Patient und Therapeut nicht nur auf einer kognitiven Bedeutungsebene durch das Gespräch, sondern auch auf einer affektiven Bedeutungsebene durch den Austausch von Mimik und Gestik vollzieht, so bleibt doch die weitere Frage offen, *wodurch* der therapeutische Prozess bewirkt, dass der Patient gesunden kann und sich daher auch seine Affektkommunikation auf eine empirisch beobachtbare Weise wandelt.

Eben diese Frage, wie man in der Psychotherapie auf eine methodisch kontrollierte Weise so arbeitet, dass der Patient von der Neurose geheilt werden kann, lässt sich auf der Grundlage von Alfred Lorenzers (1970b) sprachtheoretischer Rekonstruktion der Psychoanalyse beantworten. In einer ersten Annäherung kann man davon sprechen, dass die Kommunikation des Psychotherapeuten mit dem Patienten auf drei verschiedenen Modi der Verständigung beruht, die sich folgendermaßen beschreiben lassen:

Logisches Verstehen: Zunächst geht es um ein Verstehen des Gesprochenen: Wenn der Patient erzählt, versucht der Therapeut erst einmal, die Mitteilungen und ihren sprachlichen Zusammenhang zu verstehen. Es geht damit um ein »logisches Verstehen« der zur Sprache gebrachten Sätze (ebd., S. 83), deren Sinn sich dem Analytiker aufgrund der mit dem Analysanden geteilten »Sprachgemeinschaft« erschließt (ebd., S. 89).

Psychologisches Verstehen: Sodann geht es um ein Verstehen des Sprechers. Der Analysand teilt dem Analytiker durch Mimik und Gestik sowie durch Tonfall und Körperhaltung seine emotionale Verfassung mit. Diese Form der über den Austausch von Gesten stattfindenden Affektkommunikation beginnt mit der Begrüßung und endet bei der Verabschiedung. Ob der Analysand dem Analytiker gegenüber schüchtern, gereizt oder selbstbewusst auftritt, dem Analytiker erschließt sich durch »Nacherleben« die emotionale Stimmung des Analysanden (ebd., S. 100). Auch dieses »psychologische Verstehen« der in Mimik und Gestik, in Tonfall und Körperhaltung zum Ausdruck gebrachten Affekte gelingt erst dann vollständig, wenn der Analytiker die besondere Bedeutung der verschiedenen Gesten aufgrund des Kontextes der jeweiligen dramatischen Handlung erfasst und sie aufgrund der mit dem Patienten geteilten »Handlungsgemeinschaft« versteht (ebd., S. 103).

Doch bis dahin unterscheidet sich das therapeutische Gespräch nicht wesentlich von einem Alltagsgespräch. Auch eine Frau, die den Mitteilungen ihrer Freundin zuhört, versucht den logischen Sinn der Erzählung zu verstehen und erfasst durch Nacherleben die in Mimik und Gestik zum Ausdruck gebrachten Affekte der Freundin.

Szenisches Verstehen: Was das analytische Gespräch von einem solchen Alltagsgespräch unterscheidet, ist ein über das logische Verstehen und das psychologische Verstehen hinausgehender dritter Modus des Verstehens, der sich auf das eigene Erleben des Gesprochenen und die zwischen Analysand und Analytiker entstandene Beziehungssituation richtet. Hier wird vom szenischen Verstehen gesprochen. Szenisches Verstehen bedeutet, dass der Analytiker die vom Analysanden zur Sprache gebrachten Vorstellungen und die durch Mimik, Gestik, Tonfall und Körperhaltung zum Ausdruck gebrachten Affekte auf der Grundlage der Wirkung versteht, die Worte und Gesten auf sein Erleben haben.

Ob der Patient über Fantasien oder Träume spricht, in beiden Fällen geht es um imaginierte Beziehungen zu anderen, die sich auf unbewusste Triebwünsche zurückführen lassen, die sich wiederum in diesen Interaktionsmustern reinszenieren. Ob der Patient über einen Konflikt in einer aktuellen Alltagsszene oder über eine unbewältigte Kindheitsszene spricht, in beiden Fällen werden die zugrunde liegenden Triebimpulse über die realen Beziehungen zu anderen fassbar, in denen sie sich reproduzieren. Welche konkrete Bedeutung diese unterschiedlichen Szenen – Traumszenen, Alltagsszenen, Kindheitsszenen – für den Patienten haben, vermag das szenische Verstehen dadurch zu erschließen, dass es dreierlei leistet:

1. Szenisch den Affektkontext erarbeiten:

Gleichgültig, was für Szenen erzählt werden, der Analytiker hört zu und versucht, die zur Sprache gebrachten Affekte durch »den situativen Sinnzusammenhang« zwischen verschiedenen Szenen zu erfassen (ebd., S. 147). Dabei versteht er die geschilderten Szenen auf der Grundlage der eigenen lebenspraktischen Erfahrung und setzt »dem je eigenen Rollenverständnis« entsprechend bestimmte Bedeutungen probeweise in die »Einzelrollen« der vom Analysanden geschilderten Szenen ein, um durch das Ermitteln des besonderen Sinns dieser Szenen in ihrem situativen Gesamtzusammenhang die den Mitteilungen zugrunde liegenden Affekte zu erschließen (ebd.).

Das szenische Verstehen zielt darauf ab, die verschiedenen Traum-, Alltags- und Kindheitsszenen als Teil eines vielschichtigen Dramas zu erfassen, das sich im Verlaufe der Lebensgeschichte entfaltet hat (ebd.). Die »Wie-Deutung« hebt darauf ab, dem Analysanden die Ähnlichkeit unterschiedlicher Szenen vor Augen zu führen und ihren situativen Zusammenhang in der Absicht herauszuarbeiten, »daß alle diese Ereignisse in seinem Leben einige Elemente gemeinsam haben« und der Analysand »sich in einer vergleichbaren Weise in all diesen Situationen verhält« (ebd., S. 185).

2. Inszenierung von Affekten in der Übertragung:

Das Gelingen des szenischen Verstehens der besonderen Bedeutung der geschilderten Szenen hängt zudem davon ab, ob der Analysand im Zuge seiner Erzählungen die seinem Lebensdrama zugrunde liegenden Triebimpulse auf den Analytiker überträgt oder nicht. Mit der *Übertragung* ist gemeint, dass der Analysand die in Traumszenen, aktuellen Szenen und Kindheitsszenen zum Ausdruck gebrachten unbewältigten Affekte, die sich auf besondere Triebschicksale der Kindheit zurückführen lassen, in der therapeutischen Beziehung mit dem Analytiker reinszeniert.

Das szenische Verstehen führt daher zur »Wie-damals-Deutung«, die dem Analysanden vorführt, dass er in einer aktuellen Szene, in einer Traumszene oder in einer Übertragungsszene wie damals in der Kindheit fühlt und agiert. Auf diese Weise öffnet ihm die »Wie-damals-Deutung« die Augen dafür, dass er einen in einer Kindheitsszene wurzelnden Triebkonflikt mit signifikanten Anderen in der Gegenwart reproduziert (vgl. ebd., S. 184f.). Das szenische Verstehen gipfelt in der »Konstruktion«, in welcher der situative Sinnzusammenhang der Szenen bis »zum Punkt der Ursprungssituation zurückverfolgt« wird, an welchem dem Analysanden »ein Stück seiner vergessenen Vorgeschichte« präsentiert wird (ebd., S. 187).

Wenn allerdings die Rekonstruktion des Originalvorfalls dazu führt, »daß im Verständnis der infantilen Szene die Situation als voller, ungeschmälerter Sinn bewußt gemacht und im Sprachsymbol gefaßt werden kann«, dann wird auch »die aktuelle Szene in der Übertragung durchsichtig« (ebd., S. 188f.), sodass der durch die Bedeutungsverzerrungen der Neurose verstümmelte Sinnzusammenhang zwischen der Vergangenheit und der Gegenwart der Lebensgeschichte des Analysanden fassbar wird.

3. Szenische Teilhabe am Affektdrama:

Die sprachtheoretische Rekonstruktion der Psychoanalyse konfrontiert freilich mit einer Paradoxie: Wenn doch das analytische Gespräch im Medium der Sprache stattfindet, wie kann der Analytiker dann Unbewusstes erschließen, das sich doch außerhalb der Sprachlichkeit befindet? Beim Verdrängten handelt es sich doch um das aus der Sprache mit den anderen »Ausgesperrte«, das sich »außerhalb der symbolischen Kommunikationen« befindet (ebd., S. 104).

Lorenzers Antwort auf diese Frage lautet, dass der Analytiker durch sein Interagieren mit dem Analysanden an dessen Lebenspraxis teilnimmt, sich ihm jedoch kein sprachlicher Zugang zu dessen unterdrückten Triebwünschen erschließt. Denn die Neurose ist der symptomatische Ausdruck der aufgrund ihrer Unvereinbarkeit mit der herrschenden Moral aus Sprache ausgeschlossenen (desymbolisierten) Triebwünsche, die dem auf sprachliche Verständigung angewiesenen Analytiker fremd bleiben. Aber wie sehr sich dem Sprachverstehen des Analytikers auch das Unbewusste des Analysanden entzieht, ihm erschließt sich doch dessen Lebenspraxis, weil der Analysand das Verdrängte unter dem Druck des Wiederholungszwangs »in immer gleicher Weise szenisch« in den Affekten ausagiert:

> »Sosehr der Patient in seinen kognitiven wie affektiven Äußerungen, seinem Selbstverständnis sich und die anderen irreführt [...], so ›zwanghaft‹ ehrlich ist er in der ›Inszenierung‹ zwischenmenschlicher Beziehungen. Wiederholungszwang meint ja nichts anderes als: Zwang zur unablässigen Reproduktion der neurotischen Beziehungen realiter« (ebd., S. 200).

Der Wiederholungszwang führt nicht nur dazu, dass sich eine Angst und Verwirrung stiftende aktuelle Szene in der Übertragungsszene reproduziert. Vielmehr bewirkt der Wiederholungszwang auch, dass die unbewältigte infantile Szene in der Gegenwart in Form der Übertragungsszene ausagiert wird.

Szenisches Verstehen vermag das sozial anstößige Unbewusste daher zu enträtseln, weil der Analytiker an der Lebenspraxis des Analysanden dadurch Anteil hat, dass das Verdrängte aufgrund des Wiederholungszwangs zwischen Analysand und Analytiker wieder auflebt. Dabei erschließt sich dem Analytiker die unter dem Druck des Wiederholungszwangs in der Gegenwart reproduzierende Lebenspraxis durch die Übertragung, die eine Wiederbelebung der infantilen Szene in der aktuellen Beziehung zwischen Analysand und Analytiker bildet. In der *Gegenübertragung*, welche die gefühlsmäßige Reaktion des Analytikers auf die Übertragung des Analysanden darstellt, kommt schließlich die emotionale Teilhabe des Analytikers an der Lebenspraxis des Analysanden zum Ausdruck, auf der das szenische Verstehen basiert.

Dieses Verständnis der psychoanalytischen Methode geht freilich über Freud hinaus, der in der Gegenübertragung die Gefahr neurotischer Reaktionen des Analytikers sah, die dazu »geeignet wären, ihn in der Erfassung des vom Analysierten Dargebotenen zu stören« (Freud 1912, S. 382). Seit den Beiträgen von Autoren wie Paula Heimann (1950), Margaret Little (1951) und Heinrich Racker (1959) hat sich jedoch im Einklang mit einer interaktionstheoretischen Einschätzung der Psychoanalyse ein anderes Verständnis durchgesetzt, das die Gegenübertragung als eine nicht neurotische Reaktion des Analytikers auf das Unbewusste des Analysanden betrachtet und die davon störende neurotische Reaktion unterscheidet (vgl. auch Möller 1977; Ermann 2000, S. 226ff.).

Wie aber die drei Modi des von Lorenzer untersuchten Verstehens – das logische Verstehen, das psychologische Verstehen und das szenische Verstehen – im Erleben des Analytikers ineinandergreifen, lässt sich erfassen, wenn man sich vergegenwärtigt, wie sie sich nacheinander in der frühkindlichen Entwicklung der Lebensgeschichte entwickelt haben und daher mit unterschiedlichen Niveaus der Persönlichkeitsorganisation verbunden sind. Wenn man sich nämlich fragt, wie sich das Kind im Verlaufe des Aufwachsens ein Verständnis der Beziehung zu signifikanten Anderen und zur Umwelt erschließt, dann wird vor dem Hintergrund des Kapitels zur Individuation und Sozialisation durchschaubar, dass sich seine Wahrnehmungen und sein Handeln auf sehr unterschiedliche Weise organisieren und es dabei auch sehr verschieden mit Affekten umgeht.

1. Auf der Grundlage seiner sensomotorischen Intelligenz entwickelt der Säugling ein *szenisches Verstehen* für das sinnlich-unmittelbare Interagieren mit der Mutter, die ihn auf eine bestimmte Weise in den Armen hält, mit ihm redet und seine Körperbedürfnisse stillt. Alle Sinneseindrücke und Körpererfahrungen, die sich mit der durch den Austausch von Affekten bestimmten Kommunikation mit der Mutter verbinden, werden als Elemente der Szene aufgefasst, die der Säugling im Zusammenspiel mit ihr auf eine sinnlich-leibhaftige Weise versteht. Die Beziehungsszene, die der Säugling aufgrund des sensomotorischen Interagierens mit der Mutter teilt, hinterlässt Erinnerungsspuren in ihm. Und der Säugling reagiert darauf szenisch, indem er seine affektive Reaktionen durch Mimik, Gestik und Körperhaltung mitteilt. Das unbewusste Erleben des Säuglings konstituiert sich daher auf der Grundlage des szenischen Verstehens der sinnlich-körperlichen Szenen, welche die Mutter in der Affektkommunikation mit dem Säugling herstellt.
2. Das achtzehn Monate alte Kleinkind vermag sich als von der Mutter unterschieden zu erleben. Es verfügt über ein symbolisches Denken, aufgrund dessen es einerseits eigene Wünsche und Konflikte durch das Spiel mit Gegenständen und Puppen symbolisch darzustellen vermag, andererseits

kann es die von ihr zum Ausdruck gebrachten Affekte nun der Mutter zuordnen. Man kann daher von einem *psychologischen Verstehen* des Kleinkindes sprechen, weil die von der Mutter zum Ausdruck gebrachten Affekte für sein Denken und Fühlen wichtiger sind als das, was sie inhaltlich sagt.

3. Erst das Schulkind lernt, seine Affekte systematisch der Logik der sprachlichen Ordnung zu unterwerfen. Wie schwer es dem Schulkind auch zu begreifen fällt, dass im Unterricht allein seine Leistung zählt, es vermag doch mit immer größerer Leichtigkeit von seinen Affekten abzusehen und den logischen Sinn der Worte der Lehrerin zu verstehen. Auf der Grundlage seiner begrifflichen Intelligenz übt sich das Schulkind daher im *logischen Verstehen* der Sprache und der mathematischen Formeln.

Vergegenwärtigt man sich, wie abhängig die Entwicklung der drei Verstehensmodi von der Entfaltung der Persönlichkeitsorganisation ist, dann wird fassbar, welche Leistungen das psychoanalytische Verstehen den Therapeutinnen und Therapeuten abverlangt.

Wenn der Analytiker den Sinn des Gesprochenen zu verstehen sucht, dann tut er das als der Erwachsene, der seine begriffliche Intelligenz einsetzt, um die Logik der Mitteilungen zu verstehen. Wenn er sich auf das Nacherleben der vom Analysanden zum Ausdruck gebrachten Affekte einlässt, dann greift er auf eine Fähigkeit zur Empathie zurück, die das Kleinkind entwickelt, welches die Bedeutung der Worte daran misst, mit welchem Affekt sie zum Ausdruck gebracht werden. Und wenn der Analytiker szenisch versteht, dann regrediert er auf die Erlebnisebene des Säuglings, der sich mit der Mutter eins fühlt und das sensomotorische Interagieren mit ihr aufgrund seines »Bauchgefühls« versteht, durch das er sich von ihrer Mimik und ihren Gesten anstecken lässt.

Fallbeispiele szenischen Verstehens von Affekten

Wie man als Psychotherapeut mit den Affekten analytisch umgeht, welche die Patientinnen und Patienten in der Behandlungsstunde inszenieren, soll nun anhand von zwei Fallbeispielen erläutert werden. Zunächst soll die Frage, wie mit in der Übertragung auftretenden negativen Affekten wie Ärger und Wut umgegangen werden kann, anhand der analytischen Arbeit mit einer depressiven Patientin dargestellt werden.

Frau Raths Wut und Ärger auf den Therapeuten

Im ersten Fallbeispiel handelt es sich um Frau Rath (der Name wurde anonymisiert), einer zu Therapiebeginn 59 Jahre alten Lehrerin, die unter einem Burnout-Syndrom, einer Dysthymia, einer Störung der Selbstwertregulation und der Objektbeziehungen, unter Selbstzweifeln, Anhedonie und einem Helfersyndrom bei einer depressiven Persönlichkeitsstruktur mit zwanghaften Anteilen und einem psychosomatischem Modus der Konfliktverarbeitung (Migräne, Tinnitus, funktionelle Störungen des Magen-Darm-Traktes) leidet. Die tiefenpsychologisch fundierte Psychotherapie von insgesamt 120 Stunden wurde im Sitzen mit einer entsprechend niedrigen Frequenz von einer Wochenstunde durchgeführt. Die 63. Sitzung mit Frau Rath gestaltete sich folgendermaßen:

R: Ich habe das Gefühl, dass ich langweilig für Sie bin. Ich will ein Mensch sein, der nicht langweilig ist und labert.

K: Sie wollen, dass andere sich für Sie interessieren.

R: Ich habe das Gefühl, dass Sie auf die Uhr gucken, ob die Zeit um ist. Das Gefühl, dass Sie mich loswerden wollen. Beim letzten Mal ist mir das auch gegen Ende der Stunde aufgefallen, dass Sie auf die Uhr gucken. Für mich ist das ein Indiz für Desinteresse.

K: Irgendetwas scheint Ihnen hier zu fehlen.

R: Ich weiß es nicht. Es hat etwas mit dem Teetrinken zu tun. *Pause.* Wenn Sie Tee trinken, dann ist mir das zu lässig und entspannt. *Pause.* In meinem Kopf geht es jetzt los: Ich setze die Maßstäbe für Sie, die ich für mich setze.

K: Wenn Sie Psychotherapeutin wären, würden Sie keinen Tee trinken. Was ist daran so schlimm, wenn man ›lässig‹ und ›entspannt‹ ist?

R: Bei der Arbeit geht das nicht. Man muss korrekt, konzentriert, ganz da und angespannt sein.

K: Man sollte also bei der Arbeit unter einem gewissen Druck stehen.

R: Ich will ja eigentlich entspannter sein beim Arbeiten. Dann bin ich kreativer. Trotzdem ist da das Gefühl, nicht gewollt zu sein. Sie trinken Tee, weil ich Sie langweile.

K: Ich ziehe mich also hinter meine Tasse Tee zurück. *Pause.* Vielleicht fällt Ihnen dazu eine Situation ein, in der Sie das schon einmal erlebt haben, dass sich jemand, der für Sie wichtig war, so zurückgezogen hat, wie Sie das jetzt bei mir wahrnehmen.

Lange Pause.

R: Mein Vater mit seinem Bier. Der war gar nicht da.

K: Fällt Ihnen eine Situation ein, in der das so war?

R: *Längeres Nachdenken.* Wir hatten ein kleines Wohnzimmer mit Schrankwand und Polstergarnitur. Weihnachten zum Beispiel: Vater trank Bier. Vater saß am Fenster. Auf dem Couchtisch das Bier und das Glas. *Pause.* Ich fühle eine Anspannung. Es war wohl immer eine Anspannung, wenn alle da waren. Ich war einfach angespannt. *Sie atmet schwer, während sie über ihren Vater spricht.* In einer Sitzung meiner früheren Therapie geriet ich total in Atemnot. Ich bekam Atemnot… Jetzt bekomme ich Atemnot wegen meines Vaters.

K: Sie bekommen Angst, wenn Sie jetzt an Ihren Vater denken?

R: Ich habe früher meinen Vater als den Guten geschützt. Da war er schon tot. Jetzt aber ist der Vater gefährlich, ich habe Angst vor ihm.

K: Wenn Sie jetzt Angst vor dem Vater haben, wie alt fühlen Sie sich dann?

R: Zehn Jahre.

Die Angst nimmt so überhand, dass Frau Rath in eine mit Zusammenschnüren der Kehle, mit Atemnot, Herzrasen und Zittern verbundene Panikattacke gerät. Ich frage Sie, ob ich ihr helfen soll, sie nickt und ich leite sie zwei bis drei Minuten lang zu einem entspannten Atmen an, bis die Panikattacke vorbei ist.

R: Jetzt geht mein Herz wieder regelmäßig.

K: Ich möchte einmal zusammenfassen, was jetzt gerade passiert ist: Ihr Gefühl ist, dass ich so desinteressiert Tee trinke, wie Ihr Vater in Ihrer Kindheit desinteressiert Bier trank. Dann kommen wir auf Ihre Angst vor dem Vater zu sprechen, in die Sie dann irgendwie hineingerutscht sind. Anschließend haben Sie eine Panikattacke. Ich vermute Folgendes: Entweder hängt die Angst damit zusammen, dass die Angst vor ›dem gefährlichen Vater‹ Sie wieder überrollt hat. Oder Sie haben mit Angst auf die eigene Wut auf den Vater reagiert, der sich nicht für Sie interessierte.

R: Der Vater war desinteressiert und brutal. Entweder interessierte er sich für mich und war übergriffig – er fasste mich dann am Knie an und sagte dazu: »Mein Mäuschen!« Oder er schlug mich. *Pause.* [...] Als ich erwachsen war, hatte ich Mitleid mit dem Vater. Ich hätte nie Wut zeigen können, er hätte mich totgeschlagen. *Sie bricht in Tränen aus.* Ich habe kein Recht darauf, dass er Interesse an mir hat.

K: Sie hatten als Kind aber doch ein Recht darauf, dass der Vater sich für Sie interessierte.

R: Aber die Eltern haben mir vermittelt, dass ich kein Recht dazu habe. *Pause.* Ich habe also ein Recht darauf, dass mein Vater sich für mich interessiert. *Pause.* Bei anderen sehe ich das, bei mir nicht. *Pause.* Dass das richtig [bei mir] ankommt, dafür brauche ich Zeit. Es ist im Kopf, aber nicht im Gefühl. *Pause.* Wenn ich kein Recht darauf habe, dass der Vater sich für mich interessiert, dann kann ich auch keine Wut zulassen. Er war aber über dreißig Jahre lang mein Vater. *Pause.* Als ich erwachsen war, war mein Vater nicht mehr brutal. Er war Alkoholiker, ein armer Mann, der an Krebs starb. *Pause.* Es war furchtbar, dass mein Vater sich nicht für mich interessierte.

K: Es geht also doch um die Wut auf den Vater, der Sie missachtete, übergriffig war und sie schlug.

R: Wenn ich wütend geworden wäre, wäre mein Vater ausgerastet.

K: Anscheinend haben Sie die Angst, dass der Vater sich nicht für Sie interessiert, auf mich übertragen – wenn Sie glauben, dass mein Blick auf die Uhr und mein Teetrinken Desinteresse verraten.

R: Mir ist es schwergefallen, das [meinen Ärger über Sie] zu sagen. Ich hätte mich auch zurückziehen und verschließen können.

K: Ist die Angst noch da, dass ich mich nicht für Sie interessiere?

R: Das ist nicht so wichtig. Sie haben mich begleitet. Ich merke, dass Sie dabei waren und mich begleitet haben. Da zeigen Sie ja Interesse.

Wie lässt sich diese Sitzung interpretieren, in der das Auftreten der Patientin durch Gefühle der Unsicherheit und des Misstrauens, durch Affekte wie Angst, Ärger und Wut bestimmt wird?

Die verärgerte Reaktion von Frau Rath auf mein Teetrinken irritiert mich. Da ich dieses Verhalten übertrieben finde, frage ich sie, ob diese Szene sie an eine andere Szene erinnere, in der sie etwas Ähnliches erlebt habe. Als ihr daraufhin nach längerem Überlegen der Vater mit seinem Biertrinken einfällt, bitte ich sie darum, mir eine Situation zu schildern, die das anschaulich zeigt. Sie erzählt daraufhin ausführlich eine Szene, die sie als besonders schmerzhaft erinnert, weil sie sich an Weihnachten zutrug. Während sie sich daran erinnert, wie das kleine Wohnzimmer mit Schrankwand und Polstergarnitur aussah, wie Bierflasche und Bierglas auf dem Couchtisch standen und der Vater dahinter am Fenster saß, wird ihr bewusst, dass sie in dieser Szene immer angespannt war. Mir geht durch den Kopf, dass sie diese körperliche Reaktion schon zuvor als typisch für ihre Arbeit beschrieben hat, bei der sie immer unter Anspannung stehe.

Als sie angespannt erzählt, dass sie »früher« ihren Vater als den Guten »geschützt« habe, aber jetzt »Angst vor ihm« habe, tritt eine Gefühlsambivalenz zutage: Einerseits ergreift sie Partei für den Vater, andererseits spricht sie über ihre Angst vor ihm. Als sie in Atemnot gerät und von einer alten Angst vor dem nun als »gefährlich« beschriebenen Vater eingeholt wird, frage ich Frau Rath, wie alt sie sich fühle, wenn sie eine solche Angst vor dem Vater spüre. Der Antwort, dass sie sich als Zehnjährige erlebe, folgt eine Panikattacke. Ich helfe ihr, indem ich ihr mit einfühlsamer und ruhiger Stimme sage, dass sie leicht und locker ein- und ausatmen soll, dass sie die Stirn, das Gesicht und die Kiefermuskulatur entspannen soll, dass sie dem nachspüren soll, wie die Bauchdecke sich hebt und senkt, wenn sie ein- und ausatmet.

Ich setze die Sitzung fort, indem ich zusammenfasse, was bis zur Panikattacke geschehen ist. Dann biete ich Frau Rath zwei Deutungsmöglichkeiten für die Panikattacke an. Entweder sei die Angst vor dem Vater übermächtig geworden. Oder sie sei von der Angst vor ihrer eigenen Wut auf den Vater überflutet worden. Daraufhin schildert Frau Rath, dass sie aus zwei Gründen Angst vor dem Vater hatte: Einerseits hatte sie bei dem alkoholabhängigen Vater Angst vor sexuellen Übergriffen, andererseits hatte sie Angst vor seiner Brutalität.

Doch sobald sie sich derart negativ über den Vater äußert, bekräftigt sie erneut, als Erwachsene »Mitleid mit dem Vater«

gehabt zu haben. Dann fährt sie fort, dass sie sich die Wut auf den Vater gar nicht leisten konnte, weil er sie sonst »totgeschlagen« hätte. Erneut wird deutlich, wie schwer es Frau Rath fällt, über die konflikthafte Beziehung zum Vater zu sprechen. Zwar hat sie ihn als Kind maßlos gefürchtet und eine unterdrückte Wut auf ihn empfunden, aber ihr Mitleid verrät, dass sie ihn doch auch geliebt hat.

Hin- und hergerissen zwischen den sie einholenden Gefühlen der Kindheit – Angst, Liebe und unterdrückte Wut –, bricht Frau Rath in Tränen aus. Mit den Worten, sie habe kein Recht darauf gehabt, dass der Vater sich für sie interessiere, wütet sie gegen sich selbst. Als ich dieser Selbstanklage mit den Worten widerspreche, dass sie als Kind doch ein Recht darauf gehabt habe, dass ihr Vater sich für sie interessierte, hört sie auf, sich selbst die Schuld zu geben, und denkt darüber nach, was es bedeutet, einen Vater zu haben, der sich kümmert. Nicht sie sei also langweilig und wertlos, sodass der Vater sich nicht für sie interessiert habe, vielmehr habe er seine väterlichen Pflichten verletzt, wenn er sich nicht um sie gekümmert habe. »Dass das richtig [bei mir] ankommt«, meint Frau Rath, »dafür brauche ich Zeit. Es ist im Kopf, aber nicht im Gefühl.«

Mit diesen Worten bringt Frau Rath zum Ausdruck, was das Besondere der psychoanalytischen Arbeit ausmacht und weshalb sie so lange dauert: dass sich bei einer Patientin nämlich erst dann innerlich etwas verändert, wenn die in einer Therapie gewonnenen Einsichten nicht nur kognitiv, sondern auch affektiv verarbeitet werden.

Am Ende der Sitzung bitte ich Frau Rath zu überprüfen, was aus ihrer Wut auf mich geworden ist. Ihre Worte, ich habe in dieser Stunde »Interesse« an ihr gezeigt und sie »begleitet«, machen auf die Bewusstwerdung aufmerksam, dass sie mich aufgrund ihrer tief in ihrer Lebensgeschichte verwurzelten Angst, andere könnten sich nicht für sie interessieren, mit ihrem Vater verwechselt hat. Damit hat sich ihr Ärger auf mich aufgelöst.

Nun stellt sich die Frage, wie sich die analytische Arbeit an den Affekten der Patientin im Rückgriff auf psychoanalytische Konzepte theoretisch begreifen lässt:

Die Stunde beginnt damit, dass die Analysandin dem Analytiker misstraut und ihm sechsmal Vorwürfe macht. Zweimal hält sie ihm vor, er finde sie »langweilig«, beim dritten Mal unterstellt sie ihm, dass er sie »loswerden« will, beim vierten Mal kritisiert sie ihn wegen seines »Desinteresses«, beim fünften Mal erklärt sie, er sei »zu lässig und entspannt«. Und beim sechsten Mal wirft sie ihm das sich in seiner Nähe einstellende »Gefühl« vor, »nicht gewollt zu sein«. Diese Vorhaltungen sind Ausdruck aggressiver Impulse, die der Analytiker mit unbewältigten Erfahrungen in der frühen Lebensgeschichte der Analysandin in Zusammenhang bringt. Er vermutet aufgrund der Heftigkeit der Angriffe, dass die Analysandin einen ungelösten Konflikt mit Mutter oder Vater und damit einhergehende negative Affekte auf ihn überträgt. Entscheidend ist, dass der Analytiker die negativen Affekte in der therapeutischen Sitzung aushält (»containing«), ohne die eigene Gegenübertragung auszuagieren.

Die schmerzliche Kindheitserfahrung, dass der alkoholabhängige Vater sich nicht für die Tochter interessierte, hat sich in ihr subjektives Erleben eingegraben und zu der Erwartung verallgemeinert, dass kein Mann sich für sie interessiert. Aufgrund dieser lebensgeschichtlichen Erfahrung mit dem Vater befürchtet die Analysandin in der Therapiesitzung, dass der Tee trinkende Analytiker ihr auch kein ernsthaftes Interesse entgegenbringt. Das bedeutet aber, dass das Teetrinken des Analytikers das Wiederaufleben der unterdrückten Aggression auf den Vater provoziert. Die negative Übertragung bedeutet, dass der Analytiker in dieser Situation zwar auf der bewussten Erlebnisebene als Therapeut, auf der unbewussten Erlebnisebene dagegen als der Vater der Kindheit erlebt wird. All das, was die Analysandin dem Analytiker vorwirft, richtet sich daher eigentlich gegen den Vater.

Man könnte aus psychoanalytischer Perspektive einwenden, ob es sich bei dieser Kindheitsszene nicht um eine narzisstische Kränkung durch den Vater handelt, der die Tochter nicht genügend wahrnahm und nicht genügend anerkannte. In diesem Fall würde die Analysandin eine ohnmächtige Wut auf den Vater auf den Analytiker übertragen. Die differenzialdiagnostische Frage, ob es vor allem um eine narzisstische Wut auf der Erlebnisebene der Mutter-Kind-Dyade oder hauptsächlich um eine Aggression auf der ödipalen Erlebnisebene eines Vater-Tochter-Konflikts geht, lässt sich anhand der Gegenübertragung des Analytikers beantworten:

Wie ärgerlich Frau Rath auch ist, würde wirklich eine narzisstische Wut im Vordergrund stehen, dann wäre ihre Aggressivität grenzenlos, sodass sie mich persönlich angreifen oder eine Lust zum Ausdruck bringen würde, die Sitzung abzubrechen oder die Therapie insgesamt infrage zu stellen. Würde der Konflikt auf der frühen Erlebnisebene einer narzisstischen Wut ausgetragen, müsste ich in mir auch Gefühle einer massiven Kränkung oder einer reaktiven narzisstischen Wut spüren.

Aber das ist nicht der Fall, denn als Frau Rath mir vorwirft, dass mein Blick auf die Uhr und mein Teetrinken verraten, dass ich mich langweile und sie loswerden wolle, fühle ich mich weder persönlich angegriffen noch spüre ich eine wütende Reaktion. Vielmehr habe ich das Gefühl, dass Frau Rath ein Verhalten von mir kritisiert und über ihren Ärger mit mir ins Gespräch kommen will, damit ich sie besser verstehe. Ich selbst spüre eine (aggressive) Lust, »den Stier bei den Hörnern zu packen«, indem ich den irrationalen Vorwürfen auf den Grund gehe. Zudem spricht für die Einschätzung, dass sich die Aggression der Patientin auf einem reifen Entwicklungsniveau organisiert, der Umstand, dass sie keine Probleme hat, sich der Regel des freien Assoziierens entsprechend darauf einzulassen, was ihr zu ihrem Ärger über mein Teetrinken einfällt.

Die Analyse der Gegenübertragung zeigt, dass die negative Übertragung der Analysandin nicht durch das Wiederaufleben einer in der Mutter-Kind-Dyade wurzelnden narzisstischen Wut dominiert wird, der entsprechend der Andere nur als störendes Objekt erlebt wird, zu dem man den Kontakt abbrechen oder das man vernichten will. Vielmehr geht es um eine Aggression auf einem ödipalen Entwicklungsniveau, auf dem der Analytiker als Subjekt wahrgenommen wird, von dem sich die Analysandin abgrenzen will, um ihre Autonomie zu behaupten.

Diese Einschätzung der negativen Übertragung, dass es sich um eine ödipale Aggression gegen den Vater handelt, wird durch den weiteren Verlauf der Sitzung bestätigt. Als die Analysandin auf Nachfragen des Analytikers erzählt, dass der Vater selbst an Weihnachten nichts anderes tat, als auf der Polstergarnitur zu sitzen und Bier zu trinken, zieht die Erinnerung sie so in den Bann, dass sie auf das Erleben der Zehnjährigen regrediert, die vor dem Vater Angst hat und infolge dieser Wiederbelebung einer unbewältigten Kindheitserfahrung von einer Panikattacke überfallen wird. Derart stellt sie sich als ein von massiven Affekten völlig überfordertes kleines Mädchen dar, auf dessen Not der Analytiker eingeht, indem er durch das Angebot der Entspannungsübung die Rolle einer guten Mutter übernimmt, die das übererregte Kind mit Worten beruhigt und ihm so Sicherheit und Halt vermittelt.

Nach dem Abklingen der Panikattacke wechselt der Therapeut wieder in die Rolle des konfrontierenden und die Abwehr analysierenden Analytikers, der den bisherigen Verlauf der Stunde in Erinnerung ruft, der die aktuelle Szene in der Therapiestunde und die infantile Szene mit dem Vater noch einmal zur Sprache bringt und zwei Deutungsmöglichkeiten für die in der Panikattacke zutage tretende Angst vor dem Vater anbietet.

Unter dem Eindruck der beiden Deutungen setzt sich die Analysandin mit ihrer Aggression gegen den Vater auseinander. Sie erläutert, dass sie sowohl wegen sexueller Übergriffe als auch wegen seiner körperlichen Gewalt über den Vater verärgert ist. Sie wehrt sich gleichwohl gegen das Bewusstwerden des ganzen Ausmaßes der durch den Vater erfahrenen Ablehnung, indem sie betont, als Erwachsene mit dem Vater Mitleid gehabt zu haben. Wenn sie dann aber fortfährt, dass er sie totgeschlagen hätte, wenn sie Ärger gezeigt hätte, dann wird fassbar, dass sie sich mit einer traumatischen Erfahrung auseinandersetzt, die sie in eine heftige Gefühlsambivalenz von Liebe und Hass verstrickt hat. Denn auf den sexuell übergriffigen und gewalttätigen Vater wird sie nicht nur mit Wut, sondern auch mit Hass reagiert haben, den sie nur durch eine Identifizierung mit dem traumatisierenden Vater überleben konnte, der eine existenzielle Angst und eine Affektüberflutung bei einer abwesenden, nicht schützenden Mutter auslöste. Das bedeutet aber, dass sie aufgrund ihrer Angst vor dem Vater und ihrer Liebe zu ihm die gegen ihn wegen seiner Übergriffe und seiner Gewalt entstandenen aggressiven Impulse gegen sich selbst richtet. Eben diese Wendung der Aggression gegen die eigene Person erzeugt aber die depressiven Verstimmungen, die im Zentrum ihrer Leidensgeschichte stehen.

Für diese depressiven Verstimmungen ist die Analysandin deshalb so empfänglich, weil sie in frühester Kindheit unter der Entbehrung mütterlicher Zuwendung gelitten hat. Der Umstand, dass die Mutter sie niemals umarmte, ihr nie half, kühl und abweisend mit ihr umging und sie häufig durch tagelanges Schweigen bestrafte, spricht für mangelnde Bestätigung und mangelnde empathische Anteilnahme, sodass die Entwicklung des Selbstwertgefühls beschädigt wurde. Zugleich wird die Affektdistanz und Aggressivität der Mutter bei der Tochter auch aggressive Impulse freigesetzt haben, die gegen die eigene Person gerichtet wurden und eine Neigung zu depressiven Verstimmungen erzeugten.

Diese feindselige Ablehnung und Kälte der Mutter erzeugte schon im frühen Kindesalter eine Verletzlichkeit, aufgrund derer die Analysandin für die Entwicklung einer Dysthymia anfällig wurde. Die von der Mutter enttäuschte Tochter wandte sich daher dem Vater zu und entwickelte die eigenen Affekte dem ödipalen Drama entsprechend, sodass sie sich fortan als »Vaterkind« fühlte. Allerdings wurde die Analysandin auch in der Beziehung mit dem Vater mit viel Entbehrung konfrontiert, weil er aufgrund der Arbeit in einer anderen Stadt meistens abwesend war. Als sie sich aber daran erinnert, dass der von ihr geliebte Vater selbst dann, wenn er wie an Weihnachten anwesend war, keine Zeit für sie hatte, sondern sich hinter das Biertrinken zurückzog, wird ihr in der Therapiesitzung bewusst, dass nicht sie für die gestörte Beziehung zum Vater verantwortlich ist, sondern der Vater selbst, der sie nicht genügend geliebt hat.

Die sich in der Therapiesitzung herstellende negative Übertragung erweist sich daher als überdeterminiert. Wenn die Patientin dem Analytiker vorwirft, sein Teetrinken beweise, dass er sie langweilig finde und sich nicht für sie interessiere, dann hält sie ihm auf der ödipalen Erlebnisebene vor, worunter sie beim desinteressierten Vater gelitten hat. Die Worte der Patientin, dass es ihr schwergefallen sei, zu Beginn der Sitzung eine solche Kritik am Therapeuten zu äußern, dass sie sich genauso gut hätte »verschließen« können, machen darauf aufmerksam, dass ihre Wahrnehmung, der Analytiker interessiere sich nicht für sie, sie gekränkt hat und sie sich daher auch auf eine narzisstische Weise hätte zurückziehen können. Damit wird deutlich, dass sie mit dem Analytiker auch auf der frühen Erlebnisebene der Mutter-Kind-Dyade interagiert. Durch den Vorwurf, dass er sie »loswerden« wolle und sie bei ihm das »Gefühl« habe, »nicht gewollt zu sein«, hält sie dem Analytiker auch vor, was ihr die Mutter durch ihre Ablehnung und emotionale Kälte angetan hat.

Der Wille der Patientin, therapeutisch mitzuarbeiten, zeigt sich in der Sitzung auf zweierlei Weise: Einerseits gibt sie nicht dem narzisstischen Drang nach, sich gekränkt zurückzuziehen, sondern bringt ihren Ärger in der ödipalen Auseinandersetzung mit dem Therapeuten zur Sprache. Andererseits bringt sie den Analytiker durch die Panikattacke unbewusst dazu, dass er sich wie eine gute Mutter um sie kümmert. Daher löst sich die negative Übertragung auf, weil der Analytiker – um mit Johannes Cremerius (1979) zu sprechen – gleichzeitig zwei psychoanalytische Techniken einsetzt. Einerseits praktiziert er die auf Einsicht setzende »klassische Technik« (vgl. ebd., S. 190ff.), indem er ihre Kritik ernst nimmt und zugleich gemeinsam mit ihr die hinter den Vorwürfen verborgene infantile Wut auf den Vater analysiert. Andererseits trägt zur Auflösung der negativen Übertragung auch bei, dass der Therapeut bei der Panikattacke auf die »Technik der korrigierenden emotionalen Erfahrung« zurückgreift (vgl. ebd., S. 195ff.), um ihrer kindlichen Bedürftigkeit zu entsprechen, die durch defizitäre Erfahrungen der Mutter-Kind-Erfahrungen bedingt ist. Auf diese Weise kann die Analysandin mit dem Analytiker auf doppelte Weise neue Erfahrungen machen, die ihr Vertrauen in die Beziehung und das Arbeitsbündnis stärken.

Auch der Vorwurf, der Analytiker erledige seine Arbeit »zu lässig und entspannt«, ist durch die Lebensgeschichte der Patientin bedingt. Denn dass die einem kleinbürgerlichen Milieu angehörenden Eltern mit Argwohn beobachteten, dass die Tochter stets gern für die Schule arbeitete und ihr bei guten Zensuren vorwarfen: »Werde bloß nicht größenwahnsinnig!«, macht darauf aufmerksam, dass die Analysandin in einem bildungsfeindlichen Elternhaus aufgewachsen ist. Die Arbeit der an einem Burnout-Syndrom erkrankten Lehrerin blieb daher immer wieder auch etwas mit Anspannung Verbundenes, aufgrund dessen die von ihr beobachtete Leichtigkeit, mit welcher der Analytiker seine Arbeit zu praktizieren scheint, etwas an sich hat, was befremdet und misstrauisch macht.

Frau Aitmatowas Sehnsucht nach Liebe und Authentizität

Die Frage, wie der Analytiker Affekte, die der Patientin unbewusst sind, durch die Wahrnehmung der eigenen Affekte, mit denen er auf sie reagiert, wahrnehmen und der Analyse zugänglich machen kann, soll im zweiten Fallbeispiel anhand einer analytischen Langzeittherapie mit einer Frequenz von drei Wochenstunden beantwortet werden. Zugleich wird die interpersonelle Perspektive zu sehen sein, der entsprechend die Affekte des Analytikers das Erleben und Handeln der Patientin mitbestimmen.

Es handelt sich um Frau Aitmatowa, eine zu Therapiebeginn 34 Jahre alte Promotionsstudentin, die vor allem unter depressiven Verstimmungen, einer Arbeitsstörung und einer Störung der Beziehungsfähigkeit bei einer histrionischen Persönlichkeit mit einer ausgeprägten Konversionsneigung (Atemnot, Kloß im Hals, Neurodermitis) leidet. Die achtzigste Sitzung verläuft folgendermaßen:

A: Vor einem Monat hat mein Exfreund sich von mir getrennt. Jetzt geht es mir schon besser. Vor einiger Zeit hatte ich keine Hoffnung mehr. Jetzt kann ich schon hoffen, dass es mir besser geht. […] Ich habe mich [seit der letzten Stunde] wenig mit mir beschäftigt. Ich lese ein Buch über die Stalin-Zeit. […] Es ist ein Buch von einer Frau, die 18 Jahre inhaftiert war. Sie hat einen Sohn verloren und einen seinerzeit vierjährigen Sohn 12 Jahre lang nicht gesehen. Mit 16 Jahren ist er zu ihr gezogen. Er wurde ein prominenter Schriftsteller. Wenn ich lese, dass ein Mensch im Gefängnis sitzt und sagt, wie schön es ist, dass Licht durch das Fenster scheint oder dass das Fenster für zehn oder zwanzig Minuten aufgemacht wird, dann denke ich, dass meine Probleme relativ sind.

K: Das hört sich für mich so an, als ob Sie Abstand zu Ihrem eigenen Leid zu gewinnen suchen.

A: Ich bin matt und schwach, deshalb habe ich wenig Motivation, mich zu bewegen.

Ich spüre, wie sich die Mattigkeit und Schwäche auf mich zu übertragen droht. Unter dem Anflug einer ärgerlichen Reaktion darauf geht mir die Energie und Tatkraft von Frau A. durch den Kopf, die aus

Kirgisien nach Deutschland gekommen ist, um an der Universität Münster zu promovieren. Ich interveniere daher auf die folgende Weise:

K: Ich verstehe, dass Sie sich augenblicklich schwach fühlen. Aber ich weiß doch auch, dass Sie eigentlich über eine große Stärke verfügen. Könnte es vielleicht sein, dass Sie auf irgendetwas wütend sind, diese Wut verdrängen und aufgrund dieser unterdrückten Wut dann irgendwie gelähmt sind?

A: Ich bin schnell wütend über Kleinigkeiten.

K: Könnte es vielleicht sein, dass Sie die Wut, die Sie möglicherweise auf große Dinge haben, auf Kleinigkeiten verschieben?

A: Ich bin nicht wütend, sondern enttäuscht. Wenn ich mit meiner Mutter telefoniere und etwas erzähle, dann gibt es keine Reaktionen. Als ich zum Beispiel gejammert habe, als ich von der Trennung vom letzten Freund erzählte, da hat sie nur gesagt: ›Alles klar.‹

Mich irritiert das Verhalten der Mutter, und ich denke daran, dass eine einfühlsame Mutter doch am Trennungsschmerz der Tochter Anteil nehmen würde. Ich antworte daher:

K: Dabei ist doch auf einmal alles unklar.

A: Früher dachte ich, sie ist so taktvoll, dass sie schweigt. [...] Ob sie meine Privatsphäre nicht verletzen möchte? Sie sieht ja, dass es mir nicht gut geht.

K: Die Mutter sagt, alles sei klar.

A: Sie kann nicht mehr sagen, weil sie es nicht gelernt hat. Sie wollte mich provozieren, dass ich auf ›Alles klar‹ anders reagiere.

K: Die Mutter machte meines Erachtens doch eine deplatzierte Aussage. ›Alles klar‹ könnte ein Feuerwehrmann antworten, wenn man ihm auf seine Frage hin sagt, dass es im zweiten Stockwerk brenne. Es ist irgendwie so unbeteiligt und gleichgültig, wenn die Mutter sagt: ›Alles klar.‹

A: Ich dachte, dass sie denkt, es wird nichts mehr aus mir. Sie glaubt nicht an mich.

K: Als ob Ihre Mutter Sie abgeschrieben hätte.

A: So kann man es interpretieren. Manchmal fällt mir ein, dass meine Mutter neidisch ist – wofür es keine Gründe gibt.

K: Könnten Sie das mal an einem Beispiel zeigen?

A: Sie fragt mich, was mit meinem Urlaub sei. Ich antworte, dass ich vielleicht nach Griechenland fahre. Sie fragt: ›Allein?‹ Ich sage:

›Nein.‹ Sie fragt: ›Mit wem?‹ Ich sage: ›Mit meinem Freund.‹ Dann schweigt sie eine ganze lange Weile.

Während Frau Aitmatowa weiterspricht, geht mir durch den Kopf, dass die Mutter nicht mit der Tochter fühlt und sich nicht mit ihr freuen kann.

A: Und als ich ihr im letzten Telefongespräch erzählt habe, dass der Hausarzt ein ovolares Zystensyndrom diagnostiziert habe, aufgrund dessen ich unfruchtbar sei, da hat meine Mutter auch wieder geschwiegen und zwei Minuten später davon erzählt, wie gut ihre Tomaten wachsen.

Spätestens in dem Augenblick, als Frau Aitmatowa zum dritten Mal schildert, dass sich die Mutter auf die Tochter nicht emotional einlassen kann, sondern kalt und distanziert auf sie reagiert, überkommt mich eine heftige Wut auf die Mutter, derer Frau Aitmatowa sich nicht bewusst ist. Vor dem Hintergrund dieses von der Patientin abgewehrten Affektes interveniere ich auf die folgende Weise:

K: Eigentlich müssten Sie doch sehr wütend auf die Mutter sein, die an Ihrem Schmerz der Trennung vom Freund keinen Anteil nimmt und ihre Worte, dass der Arzt bei Ihnen Unfruchtbarkeit diagnostiziert habe, durch die Antwort beiseitefegt, dass *ihre* Tomaten aber wachsen. Sie aber scheinen Ihre Wut auf die Mutter zu unterdrücken und in sich hineinzufressen. Da ist es doch kein Wunder, wenn Sie sich anschließend niedergeschlagen, matt und schwach fühlen.

Frau Aitmatowa verabschiedet sich nach dieser Stunde nachdenklich und etwas skeptisch. Die drei Tage darauf stattfindende 81. Sitzung beginnt sie mit folgenden Worten:

A: Ich glaube, Sie haben recht damit, dass ich Wut auf meine Mutter habe. Denn wenn sich eine andere Person so ähnlich wie meine Mutter verhält, bin ich wütend. Eine Bekannte sagt, sie […] brauche meine Ratschläge. Ich muss [bei ihr] in jeder Situation etwas Hilfreiches machen. Wenn es aber um mich geht, hört sie gar nicht zu! […] Sie ist unglaublich unempathisch. Sie hat kein Interesse an anderen Leuten. […] Sie glaubt, alles gut zu verstehen und auf Leute einzugehen. Sie glaubt, sehr feinfühlig zu sein. […] Wenn in der Nähe ein Spiegel ist, setzt sie sich gegenüber und beschäftigt sich mit ihrem Äußeren. […]

K: Face-to-Face-Kommunikation heißt ja, dass man den anderen anschaut. Es hört sich so an, als ob die Bekannte sich bei Ihnen nur auskotzen will.

A: Sie gleicht meiner Mutter! Meine Mutter redet weiter, auch wenn niemand zuhört. Leute zeigen ihr, dass es uninteressant ist, was sie erzählt. Sie redet trotzdem weiter! Wenn sie mir beim Telefonieren Sachen erzählt, redet sie weiter, auch wenn ich keine Reaktionen zeige. Sie muss einfach erzählen. Die Bekannte glaubt, Leute gut zu verstehen. Und meine Mutter hat die Illusion, sie sei eine ganz tolle Mutter! [...] Meine Mutter ist einfach hohl.

Wie werden die unbewussten Affekte der Patientin aus der achtzigsten Sitzung zugänglich und bearbeitet?

Unter dem Einfluss meiner Gegenübertragung, mich gegen ein in mir aufkommendes Gefühl der Mattigkeit und Schwäche wehren zu wollen, rufe ich Frau Aitmatowa in Erinnerung, dass sie doch eigentlich über viel Energie und Tatkraft verfüge, und wage die Deutung, ob das Erleben von Schwäche nicht vielleicht Ausdruck eines momentanen Zustands sei, der die Folge eines unbewältigten inneren Konflikts sein könnte. Damit werfe ich die Frage auf, ob Frau Aitmatowa nicht eine Wut verleugnet und sie auf eine ihre Kräfte lähmende Weise gegen sich selbst richtet. Wie sehr dieser Deutungsversuch dazu verhilft, uneingestandene negative Affekte bewusst zu machen, lässt sich daran ablesen, dass die Analysandin auf ein frustrierendes Telefongespräch mit der Mutter zu sprechen kommt, dessen Bedeutung sie freilich zunächst durch die Worte zu relativieren sucht, »nicht wütend, sondern enttäuscht« von ihr zu sein. Auf die Deutung, vielleicht doch auf die Mutter wütend zu sein, aber die Wut gegen sich selbst zu richten, reagiert Frau Aitmatowa in dieser Stunde nicht mehr, aber in den darauf folgenden Tagen wird ihr bewusst, wie wütend sie auf die Mutter ist.

Wie der Analytiker verleugnete Affekte der Patientin bewusst macht, lässt sich im Rekurs auf die psychoanalytische Theoriebildung folgendermaßen beschreiben:

Zunächst setzt er sich mit dem Widerstand der Patientin auseinander, welche ihr Erleben durch die Rationalisierung abwehrt, heute eigentlich kein Problem mitgebracht zu haben und daher ganz zuversichtlich zu sein (Hoffnung darauf, dass es ihr besser gehe). Als der Analytiker sie damit konfrontiert, dass sie mit der Schilderung ihrer Leseerfahrungen etwas beschreibt, was von ihr weg-, aber vielleicht auch zu ihr hinführt (»eigenes Leid«), wird sie sich ihrer augenblicklichen affektiven Verfassung (Mattigkeit, Schwäche, Energielosigkeit) bewusst.

Der Analytiker nimmt in der Gegenübertragung wahr, wie er diese abgewehrten Gefühle der Schwäche und Mattheit in sich aufnimmt und damit in Berührung kommt, was die Patientin aufgrund ihrer Abwehr nicht wahrzunehmen vermag. Als er erkennt, dass diese Stimmungslage so stark ist, dass sie seine analytischen Fähigkeiten zu lähmen droht, wird er sich dessen bewusst, wie (selbst)zerstörerisch die von der Patientin abgewehrten negativen Affekte sind. Er gewinnt eine gelassene Distanz zu den auf sein Erleben Einfluss nehmenden negativen Affekten zurück, indem er die Gegenübertragung für eine Deutung nutzt, die auf die hinter Mattigkeit und Schwäche wirksame Wut gegen das Selbst zielt, hinter der sich vermutlich Wut auf andere verberge.

Durch das konfrontierende Nachfragen des Analytikers vermag sich die Patientin schrittweise die verleugneten Affekte bewusst zu machen, die sie quälen: eine Wut auf Kleinigkeiten, hinter der sich die große Enttäuschung gegenüber der Mutter verbirgt. Um noch näher an die abgewehrten Affekte heranzukommen, fragt der Analytiker nach Szenen, in denen sich der emotionale Konflikt mit der Mutter inszeniert. Die beiden von Frau Aitmatowa geschilderten Szenen (der geplante Urlaub und die Unfruchtbarkeit) machen darauf aufmerksam, dass sich die Patientin gekränkt und missachtet fühlt, weil sich die Mutter weder bei guten Nachrichten mit ihr freuen noch sie bei schlechten Nachrichten trösten kann. Stattdessen lehnt die Mutter die Tochter mit ihren Problemen ab und hält der Unfruchtbarkeit der eigenen Tochter die Fruchtbarkeit des eigenen Gartens entgegen, in dem die Tomaten prächtig gedeihen.

Wie geht nun der Analytiker mit der Schilderung dieser Szenen um? Da er sich emotional auf die von der Patientin geschilderten und zugleich agierten Szenen einlässt und sich probeweise in deren Lebensdrama verstricken lässt, vermag er sich einerseits komplementär mit der Mutter zu identifizieren und sich vorzustellen, wie er wohl in der Rolle der Mutter am Trennungsschmerz der Tochter Anteil nehmen würde, wie er sich mit ihr über ihren

Urlaub mit dem Freund gefreut oder wie er vermutlich erschüttert auf die Nachricht von der Unfruchtbarkeit der Tochter reagiert hätte. Andererseits vermag sich der Analytiker konkordant mit Frau Aitmatowa zu identifizieren und dem nachzuspüren, wie kränkend und wie ablehnend die Mutter agiert, die weder zur Trennung vom Freund noch zum Urlaub etwas Anteilnehmendes sagt und stattdessen mit der Tochter rivalisiert, indem sie mit den prächtigen Tomaten auf die fruchtbar-potenten Eier ihrer eigenen Ovarien verweist, die zu produzieren die Tochter – vermeintlich – unfähig sei.

Als dem Analytiker bewusst wird, dass er mit einem heftigen negativen Affekt auf die Mutter reagiert, nutzt er die Wahrnehmung der unbewussten Wut der Tochter auf die Mutter für eine Deutung, welche die in der Sitzung zutage getretenen Affekte in ihrem szenischen Kontext versteht. Ganz an der Oberfläche des Erlebens befindet sich die Erklärung, heute keine Probleme mitgebracht zu haben, eine Rationalisierung, mit der die dahinter verborgenen Gefühle der Mattigkeit und Schwäche abgewehrt werden. Dahinter verbirgt sich die selbstzerstörerisch wirksame Wut, die Frau Aitmatowa gegen die eigene Person gerichtet hat. Und dieser Affektlage liegt die ohnmächtige Wut zugrunde, mit der die Patientin auf die narzisstischen Kränkungen durch die Mutter reagiert, welche sich nicht empathisch in die Tochter einzufühlen und sie nicht genügend zu lieben vermag.

Auf der Grundlage seiner Gegenübertragung, von einem Gefühl der Mattigkeit und Schwäche eingeholt zu werden, erschließt der Analytiker die ohnmächtige Wut, welche die Patientin nicht spürt, weil sie diese Wut in einer ihr Denken, Fühlen und Handeln lähmenden Weise gegen sich richtet. Die Patientin stellt sich daher aufgrund der Wendung der Aggression gegen das Selbst als so gefesselt wie die Gefangene im Lager der Stalin-Zeit dar, deren Tagebuch Frau Aitmatowa fasziniert liest. Als der tiefste Grund für ihre Hoffnungslosigkeit erweist sich aber der Umstand, dass die Mutter – wie sie ausdrücklich ausführt – nicht an sie glaubt. Aber wie die Gefangene in dem Lager fasst die Analysandin in der Therapie eine erste Hoffnung (»Lichtschein«), dass sich ein Fenster öffnen und sich etwas verändern könnte.

Indem der Analytiker ausführt, dass Frau Aitmatowa doch gute Gründe dafür habe, um auf die ablehnende Mutter wütend zu sein, geht er auf Distanz zur unbewussten Teilhabe an der Lebenspraxis der Analysandin und übersetzt die eigene Gegenübertragung in eine verstehende Teilnahme an der nun begriffenen Lebenssituation der Patientin. Seine Deutung, dass sie sich so matt und schwach fühle, weil sie ihre Wut auf die Mutter in sich hineinfresse, wirkt nach und führt dazu, was Frau Aitmatowa in der 81. Sitzung ausführt: Sie spürt nun endlich die allzu lange unterdrückte Wut auf die Mutter und vergleicht sie mit einer Kommilitonin, die so egoistisch und von sich so überzeugt sei wie jene. Die vom Affekt des Zorns getragene kritische Auseinandersetzung führt zu einer Entidealisierung der Mutter und zieht eine zunehmende Ablösung von ihr und eine Individuation nach sich, der entsprechend die Tochter sich besser von der Mutter abgrenzen kann, sie realistischer betrachtet und nicht mehr so große Hoffnungen auf sie setzt.

Die Frage, wie der Analytiker die durch ein Kindheitstrauma bedingte Störung der Affektregulation durch mentalisierungsfördernde Interventionen bearbeitet und sie in das szenische Verstehen des in der infantilen Szene zum Ausdruck kommenden Interaktionskonflikts zwischen Triebwünschen und der durch die Mutter vermittelten sozialen Moral integriert, soll nun anhand eines Ausschnitts aus der weiter fortgeschrittenen Analyse von Frau Aitmatowa illustriert werden.

In der 175. Sitzung setzt sie sich damit auseinander, wie empfindlich sie auf Kritik reagiert. Obgleich die meisten Teilnehmerinnen von ihrem Sprachunterricht begeistert seien, gebe es in einem Kurs zwei unzufriedene Frauen, von denen ein Ehemann sich bei der Chefin der Sprachschule über sie beschwert habe. Nachdem die Chefin ihren Sprachunterricht besucht und durch einen Fragebogen ermittelt habe, dass die Mehrzahl der Teilnehmerinnen ihren Unterricht sehr gut finden, hat sie dem Mann ausgerichtet, dass sie mit ihrer Sprachlehrerin sehr zufrieden sei und dass sich seine Frau ja an eine andere Sprachschule wenden könne. Trotz dieser Klärung, bei der die Chefin entschieden Partei für sie ergriffen hat, quält Frau Aitmatowa sich mit Selbstzweifeln:

A: Ich muss etwas verbessern, weiß aber nicht, was! Ich habe den Eindruck, die suchen etwas! Ich würde die Tafel zu schnell abwischen.

K: Merkwürdig ist, dass die gute Benotung durch die meisten Teilnehmerinnen und das Lob der Chefin Sie gar nicht erreichen. Dass für Sie nur die Kritik der beiden zornigen Teilnehmerinnen zählt.

A: Das stimmt, ich registriere nur das Negative.

K: Eben das ist irrational, dass Sie die Bestätigung und Anerkennung ignorieren, aber so empfindlich auf Kritik reagieren. Als wenn es nicht immer Nörgler geben würde, die ein Haar in der Suppe finden. Wenn Sie aber so überempfindlich auf haltlose Vorwürfe reagieren, dann stellt sich die Frage, ob Ihnen zu Ihrem irrationalen Reagieren eine Situation von früher einfällt, in der Sie sich ebenso ungerechtfertigt kritisiert fühlten.

A: Ziemlich oft. Von beiden Eltern.

K: Vielleicht können Sie mir ein Beispiel erzählen, damit ich mir das vorstellen kann, wie das war?

A: Als ich als Mädchen einmal vor mich hin sang: ›Ich bin ein Waisenkind‹, da meinte meine Mutter: ›Wenn du ein Waisenkind bist, wohnst du nicht mehr hier.‹ Mit diesen Worten öffnete sie die Tür und schubste mich raus. Ich weinte und kämpfte mit meiner Mutter. Ich verstehe ja meine Mutter, die aufgeregt war. Sie hatte soeben meinen Bruder zur Welt gebracht. Sie hatte viel zu tun. Sie dachte, ich schätze ihre Bemühungen nicht. Sie sagten einmal, viele Kinder haben irgendwann die Vorstellung, nicht aus ihrer Familie zu sein. Aber ich habe das tatsächlich gehabt. Ich nahm das sehr ernst. Ich dachte wirklich, sie verjagt mich jetzt. Ich wusste aber nicht, was ich Schlimmes getan hatte.

K: Wie alt waren Sie damals ungefähr?

A: Vier oder fünf Jahre.

K: Es ist schwer in Worte zu fassen, was ich da jetzt fühle und denke. Ich versuche es zu fassen, indem ich uns beispielhaft vergegenwärtige, wie ich wohl als Vater auf die Tochter reagiert hätte, die vor sich hin singt: ›Ich bin ein Waisenkind‹. Ich denke, es hätte mich angerührt. Ich vermute, dass ich die Tochter in die Arme geschlossen und sie mit den Worten ›Mein armes kleines Waisenkind, was ist dir denn zugestoßen?‹ an mich gedrückt und sie liebevoll geküsst hätte. Um ihr derart zu vermitteln, dass ich ›dieses arme Waisenkind‹ willkommen heiße.

Frau Aitmatowa fängt zu weinen an.

K: Da werden Sie jetzt sehr traurig.

A: Meine Mutter hat mich nicht geliebt, sie konnte das nicht.

K: Ich möchte mit Ihnen zu verstehen suchen, was diese beiden unterschiedlichen Umgehensweisen mit der Vier- oder Fünfjährigen bedeuten: Wenn ich als Vater das Lied des kleinen Mädchens mit den Worten aufgreife: ›mein armes kleines Mädchen‹, dann spiegele ich ein vom Kind empfundenes Gefühl der Einsamkeit und Verlassenheit, zugleich verändere ich dieses Gefühl aber, indem ich das mit einem besorgten Tonfall sage und auf eine spielerische Weise zum Ausdruck bringe, dass ich dieses Waisenkind adoptieren möchte. Das Gefühl, durch die Geburt des Bruders entthront worden zu sein und sich von der Mutter verlassen zu fühlen, greife ich auf und modifiziere es zugleich. So kann das kleine Mädchen eine Vorstellung davon gewinnen, dass man sich einsam fühlen, aber getröstet werden kann.

Die Mutter verhält sich dagegen ganz anders: Sie fühlt sich durch das Lied ›Ich bin ein Waisenkind‹ angegriffen und reagiert aggressiv. Indem sie das Kind mit den Worten zur Tür hinausschubst, ein Waisenkind gehöre auf die Straße, bestätigt sie 1:1 die Angst der Tochter und verstärkt dieses Gefühl auch noch. Als wolle die Mutter die Tochter tatsächlich verstoßen. Ein solches Agieren kann das Kind traumatisieren, weil die Mutter der Tochter die volle Wucht ihrer negativen Affekte ungemildert zurückgibt. Der Vater nimmt dagegen die negativen Affekte an und tröstet das Kind, sodass das kleine Mädchen besser mit diesem Affekt umgehen kann.

Nachdem sie in der 176. Sitzung das Gefühl zur Sprache gebracht hat, eine liebevolle Zuwendung gar nicht zu verdienen, verläuft die 177. Stunde auf die folgende Weise:

A: Als ich mit vierzehn Jahren Aufsätze schrieb, fiel es mir auf, dass ich nicht meine Meinung äußerte, dass ich vielmehr schrieb, was erwartet wurde. Ich suchte mir aus Interpretationen und Kommentaren eine Meinung aus, die mir innovativ zu sein schien. Ich wusste einfach nicht, was ich meine.

K: Es wirkt so, als ob Sie sich nicht vorstellen konnten, dass Sie es sind, die da einen Aufsatz schreibt.

A: Ich habe einen Gesichtspunkt ausgewählt wie ein Kleid. Jetzt bin ich sicher in der Meinungsbildung, aber damals war ich nicht imstande, etwas eigenständig zu beurteilen. […] Dazu fällt mir eine Situation von gestern ein. Ich hatte ein Gefühl und dachte: Ist das normal, so ein Gefühl zu haben? Ist es in Ordnung, so ein Gefühl zu haben? Aber wenn ich das Gefühl doch habe, dann ist es doch in Ordnung. Ich kann meine Meinung auf diese Weise messen.

K: Erst sind Sie sich Ihres Gefühls unsicher, aber sobald Sie darüber nachdenken, wird Ihnen klar, dass Ihr Gefühl in Ordnung ist.

Auf meine Frage hin, um was für ein Gefühl es sich handle, erzählt Frau Aitmatowa von dem Bekannten, der ihr seine Wohnung während seines Aufenthalts in Polen vermietet hat. Vereinbart war, dass er anschließend in Urlaub fährt, sodass sie noch einen Monat länger dort wohnen könne. Nun wolle er aber mit ihr in der Wohnung übernachten, weil er das Gefühl habe, allein nicht reisen zu können. Als sie ihn daraufhin an die Vereinbarung erinnerte, warf er ihr vor, dass sie nicht auf seine Gefühle eingehe, aufgrund derer er keinen Urlaub mehr machen könne.

A: Er macht auf Freundschaft. Ich rede von Verabredung und er redet von Gefühlen! Ich war so wütend, dass ich Atemnot bekam. Jetzt habe ich Neurodermitis. Abends schrieb er eine SMS. Er gehe jetzt zu seinen Eltern. Ich bekam ein komisches Gefühl, dass ich ihn gekränkt habe. Ich wurde unsicher, ob ich wirklich recht habe. Ich habe ihn vertrieben. Aber ich habe doch recht. Wieso habe ich da Schuldgefühle? Ich hatte das Gefühl, ich habe ein Kind gekränkt. Ich war so wütend, dass ich Sachen hätte schmeißen können.

K: Sie fühlen sich hin- und hergerissen. Eigentlich haben Sie dafür gekämpft, was Sie empfunden haben, dass Sie ein recht darauf haben, dass er die Vereinbarung einhält. Da sind Sie ganz Sie selbst. Aber als er gekränkt reagiert, rutschen Sie in eine ganz andere Rolle hinein, als ob es gar nicht um Sie, sondern nur darum ginge, das zu tun, was andere von Ihnen erwarten.

A: Schrecklich. Ich habe immer gedacht, wenn jemandem etwas wehtut, dann hat er recht. Die Gefühle anderer sind mir wichtiger als meine. Schrecklich. Mir gehen Tausende von Situationen durch den Kopf, in denen ich erst meine Meinung sage und dann gucke: Bist du sauer auf mich? Habe ich dich gekränkt? Erst bin ich selbstbewusst, dann zweifele ich aufgrund der Reaktion des anderen an mir. Ich habe nie recht.

K: Wie die Mutter recht hatte, als sie Sie zur Tür hinausschubste, weil sie sich darüber ärgerte, dass Sie sangen: ›Ich bin ein Waisenkind‹.

A: Ich wusste, dass sie unrecht hatte. Ich sagte mir, ich werde nie so hysterisch sein wie du.

K: Und weil Sie sich das vornahmen, nahmen Sie sich von da an immer zurück. Zwar sahen Sie, dass die Mutter im Unrecht war, aber weil sie sich nicht so irrational wie die Mutter verhalten wollten, ließen Sie fortan anderen den Vortritt.

Wie gehe ich in diesen Sitzungen mit den Affekten der Patientin um? Da sie in der Sprachschule positive Affekte (Lob und Anerkennung) nicht spüren kann und allein negativen Affekten (Kritik) ausgeliefert ist, suche ich nach einer vergleichbaren Kindheitssituation. Mit der Schilderung der Szene, wie die Mutter sie zur Tür hinausdrängte, weil sie vom Waisenkind sang, überträgt Frau Aitmatowa ein Empfinden von Ohnmacht und Verwirrung auf mich, eine Gegenübertragung, die ich überwinde, indem ich die Irrationalität des mütterlichen Verhaltens durch den Vergleich mit einem einfühlsamen Vater kläre. Daraufhin bricht Frau Aitmatowa in Tränen aus.

Ich versuche, der Patientin durch Deklaration bewusst zu machen, was der Vergleich der beiden Verhaltensweisen illustriert: Wenn die Mutter das Mädchen bestraft, das sich singend vorstellt, ein Waisenkind zu sein, dann verhindert sie, dass das Kind lernt, mit dem Gefühl der Einsamkeit und Verlassenheit umzugehen. Der Vater, der die Worte des Kindes bewegt wiederholt und es tröstet, hilft dem Mädchen dagegen, sich negative Affekte bewusst zu machen und sie zu mentalisieren.

In der 177. Stunde erinnert Frau Aitmatowa, mit 14 Jahren beim Verfassen von Aufsätzen keine eigene Meinung gehabt zu haben. Sodann fällt ihr eine aktuelle Szene mit dem Vermieter ein. Als er sich gekränkt zurückzieht, nachdem sie ihm in einem Konflikt entschieden die eigene Meinung gesagt hat, zweifelt sie daran, im Recht zu sein. Aufgrund meines Kommentars, dass sie zuerst eigenen Gefühlen folge und anschließend dahinter zurückfalle, wird ihr auf schmerzliche Weise bewusst, fast nie bei ihren Gefühlen zu bleiben, sondern sich aus Angst, einen anderen zu verletzen, zu kapitulieren. Ich deute, dass sich ihre Bereitschaft zur Anpassung wohl darauf zurückführen lasse, was die Mutter mit ihr eingeübt habe: dass die Mutter im Recht sei, wenn sie die Tochter zur Tür hinausdränge, sobald sie unerwünschte negative Affekte zur Sprache bringe.

Das mentalistische und das szenische Verstehen der Affekte

Der in den oben skizzierten Sitzungen beschriebene therapeutische Umgang mit den Affekten der Patientinnen lässt sich im Rückgriff auf psychoanalytische Konzepte auf zweierlei Weise theoretisch begreifen:

1. Das mentalistische Verstehen der Affekte:

Wenn man sich vergegenwärtigt, dass Frau Aitmatowa in der aktuellen Konfliktsituation positive Affekte nicht spürt (Freude und Zufriedenheit über die Anerkennung anderer), jedoch unter negativen Affekten leidet (aufgrund haltloser Vorwürfe Selbstzweifel, Angst und Panik), dann wird deutlich, dass sie aufgrund einer Mentalisierungsstörung ihre Affekte nicht regulieren kann. Sie quält sich damit, den Sprachunterricht verbessern zu müssen, weil sie nicht reflektieren kann, dass die Unterstützung durch die Mehrzahl der Kursteilnehmerinnen und die Chefin wichtiger ist als die offenbar haltlosen Beschwerden zweier Teilnehmerinnen.

Ihre Einfälle verraten, dass die Störung der Affektregulation – aufgrund derer sie nicht dazu imstande ist, das durch die haltlose Kritik erschütterte innere Gleichgewicht wiederherzustellen (vgl. Fonagy et al. 2002, S. 102f.) – auf defizitäre Erfahrungen der Mutter-Kind-Dyade zurückzuführen sind. Ihre Mitteilung, dass die Mutter die Vier- oder Fünfjährige zur Wohnungstür hinausschubste, weil sie sich über das Lied der Tochter ärgerte, ein Waisenkind zu sein, offenbart, dass die Mutter »aufgrund einer Emotionsregulationsschwierigkeit von den negativen Affekten« des Kleinkindes »überwältigt« wird (Fonagy/Target 2002, S. 855). Konfrontiert mit den Verlassenheitsgefühlen der Tochter, neigt die Mutter dazu, »denselben Affekt zum Ausdruck zu bringen, allerdings auf eine realistische und nicht markierte Art und Weise« (ebd.).

> »Weil der Affektausdruck nicht hervorgehoben ist, wird er nicht von der Pflegeperson entkoppelt, sondern als das tatsächliche Gefühl der Elternfigur erlebt. Das Kind wird seine eigene Gefühlsreaktion als noch gefährlicher und destruktiver erleben, weil sie auch noch ansteckend zu sein scheint« (ebd.).

Der Therapeut entwickelt ein Beispiel als Gegenmodell zum Verhalten der Mutter, um »den Prozess« anschaulich zu beschreiben, »durch den das Verstehen des Selbst als mentaler Urheber aus der interpersonalen Erfahrung […] auftaucht« (Fonagy et al. 2002, S. 12): Der sich am Spiel des Kindes beteiligende Vater stellt einerseits »den Rahmen« sicher, der »das Kind vor dem zwingenden Charakter der äußeren Realität abschirmt«, sodass es sich unter dem Eindruck negativer Affekte angstfrei vorstellen kann, ein Waisenkind zu sein (ebd., S. 268). Andererseits führt das gemeinsame Spiel dazu, dass der Vater die mentale Haltung des Kindes einnimmt und sich mit ihm durch das Interagieren mit dem sinnlich-anschaulichen Symbol des »Waisenkindes« vergegenwärtigt, was es bedeutet, sich allein und verlassen zu fühlen.

> »Das Kind braucht einen Erwachsenen – oder auch ein älteres Kind –, der ›mitspielt‹, damit es seine Phantasie oder Idee durch diesen Anderen repräsentiert sehen kann; dies ist die Voraussetzung dafür, dass es sie reintrojizieren und als Repräsentanz seines eigenen Denkens benutzen kann« (ebd., S. 271).

Während die gedankenexperimentell vorgestellte Repräsentation der inneren Realität durch den Vater die Voraussetzung für das symbolische Denken und damit für die Entwicklung der Affektregulation bildet, wird die Fähigkeit zur Mentalisierung der Affekte gestört, wenn die Mutter sich auf das Spiel des Kleinkindes mit eigenen Gedanken und Gefühlen über die Realität nicht einlässt, sondern sich angegriffen fühlt und es bestraft, indem sie die Tochter real als Waisenkind behandelt. Da die Mutter die von der Tochter durch das Spiel verarbeiteten Emotionen des Alleinseins und der Verlassenheit nicht aushält, sondern sich angegriffen fühlt und das Mädchen bestraft, werden die vom Kind erlebten negativen Affekte übermächtig und drohen traumatisierend zu wirken (vgl. Fonagy/Target 2002, S. 856).

Welche Folgen die durch die Störung der Mutter-Kind-Dyade bedingte Mentalisierungsstörung hat, lässt sich daran ablesen, was Frau Aitmatowa selbst erzählt: Da sich die Mutter auf die spielerische Verarbeitung negativer Affekte nicht einzulassen und sie nicht markiert zu spiegeln vermochte, wird die Entwicklung der Fantasie und die symbolische Verarbeitung der Affekte derart geschwächt, dass sich – um mit Donald W. Winnicott (1960) zu sprechen – das »wahre Selbst« nicht entfalten kann (S. 189). Stattdessen lernte das Mädchen, negative Affekte zu unterdrücken und ein »falsches Selbst« zu entwickeln, das sich »gefügig« an die Bedürfnisse der Mutter anpasst (ebd.). Die Ausbildung des falschen Selbst wurde zudem durch rigide Erziehungspraktiken des kirgisischen Bildungssystems verstärkt.

Aus der Perspektive des Mentalisierungskonzepts leidet Frau Aitmatowa unter einer Störung der Affektregulation, der entsprechend es ihr schwerfällt, die Affekte angemessen zu *identifizieren* (die sich spontan einstellende Wut auf den Vermieter löst sich auf in Verständnis für ihn), sie zu *modulieren* (sie bleibt in den an der Sprachschule durch haltlose Beschwerden ausgelösten negativen Affekten hängen) und sie innerlich *auszudrücken* (in Gedanken die Verärgerung zu imaginieren) (vgl. Fonagy et al. 2002, S. 438ff.). Indem der Analytiker »innere Zustände in Worte fasst, zwischen Gefühlen differenziert, überwältigende und Angst erregende Erfahrungen in einfachere, besser handhabbare Einheiten zerlegt sowie die Entwicklung einer ›Als-ob‹-Haltung [des spielerischen Umgangs mit Gedanken und Gefühlen] unterstützt«, schafft er einen mentalen Raum, in dem die Patientin im Kontakt mit ihm »das Nachdenken über Gefühle und Gedanken […] als gefahrlos empfinden kann« (vgl. ebd., S. 478).

Damit stärkt der Analytiker im Dialog mit der Patientin die Reflexionsfähigkeit des Selbst, sodass durch Mentalisierung die Macht der negativen Affekte gebrochen wird, welche die innere Welt beherrschen.

2. Das szenische Verstehen der Affekte:

Die durch das Mentalisierungskonzept beschreibbare Störung der Affektregulation lässt sich aus triebtheoretischer Perspektive auf einen »Kampf« zurückführen (ebd., S. 95), der zwischen

Triebregungen und sozialer Moral entbrennt und der im vorliegenden Therapieausschnitt in drei Szenen zutage tritt. Die erste Szene wird durch die in der Sprachschule auftretende Störung der Affektregulation bestimmt. Dass Frau Aitmatowa das Lob der Chefin und der Mehrzahl der Kursteilnehmerinnen nicht zu schätzen weiß, lässt sich darauf zurückführen, dass es ihr aufgrund der mangelnden Liebe der Mutter an Selbstliebe und an der Liebe zu anderen mangelt. Es fehlt also einerseits an einer ausreichenden libidinösen Besetzung des Selbst und der Objekte.

Die andererseits darin zutage tretende Störung der Affektregulation, dass sie sich durch die Kritik zweier Kursteilnehmerinnen tief verletzt fühlt, macht auf eine Hemmung aggressiver Triebimpulse aufmerksam, aufgrund derer sie sich nicht gegen ungerechtfertigte Angriffe zur Wehr zu setzen und sich zu verteidigen vermag. Stattdessen nimmt sie die Kritikerinnen aufgrund einer Identifizierung mit dem Aggressor viel zu ernst und wendet die gegen sie aufkommende Aggression gegen das Selbst.

Dass sie von Selbstzweifeln eingeholt wird und sich unter den Druck setzt, ihren Unterricht zu verbessern, offenbart, wie sich die Aggression über das Über-Ich gegen das Ich richtet und einen quälenden Leistungszwang erzeugt, obgleich ihr Unterricht als sehr gut gilt. Zugleich verstärkt die Verzweiflung darüber, dass sie nicht weiß, was sie verbessern soll, die eigene Aggressivität, die dadurch, dass sie gegen das Selbst gerichtet wird, depressive Verstimmungen auslöst.

In der zweiten Szene bewältigt die Vier- oder Fünfjährige die durch die Geburt des Bruders bedingte emotionale Erfahrung der Zurücksetzung und Verlassenheit durch das Lied vom Waisenkind. Indem sie den Affekt der Einsamkeit mit dem Sprachsymbol »Waisenkind« verknüpft, stellt sie eine sinnlich-symbolische Interaktionsform her, mit deren Hilfe sie mentalisieren kann, ein auf sich selbst gestelltes Kind zu sein, das sich durchs Leben schlägt.

Die Vertreibung der Tochter aus dem Haus, mit der die Mutter auf das Thematisieren unerwünschter Affekte reagiert, zerschlägt das durch das Lied arrangierte kindliche Spiel. So wird die Entwicklung der Mentalisierungsfähigkeit gestört. Die Mutter bestätigt die kindliche Angst, durch den Bruder ihre Liebe verloren zu haben, in einer fatalen Weise. Da im Zuge der Identifizierung mit der übermächtigen Mutter die gegen sie aufkommende Aggression gegen die eigene Person gerichtet wird, wird die Tochter fortan anfällig für depressive Verstimmungen. Zugleich entsteht mit der Unterwerfung unter die Mutter die Neigung, durch Leistung die Anerkennung zu bekommen, welche die Mutter ihr aus Liebe nicht zu geben vermag. Auf diese Weise entwickelt die Tochter ein falsches Selbst, dem entsprechend sie sich in Konflikten jeden Gedanken verbietet, sich gefügig an die Bedürfnisse der Mutter anpasst und aggressive Impulse blockiert, die sie daher nicht im Dienst der Selbstabgrenzung und Selbstdurchsetzung sublimieren kann. Zugleich versucht sie, Liebe auf dem Umweg über das einem Leistungszwang unterliegende Handeln zu erlangen, dem entsprechend sie eine fleißige Schülerin und brave Tochter wird, die in den Ferien für Geld aufräumt und putzt.

Auch die in der Auseinandersetzung mit dem Vermieter zutage tretende Störung der Affektregulation lässt sich als Neuauflage des unbewältigten Kindheitskonflikts zwischen Triebansprüchen und sozialer Moral begreifen. Denn dass der Vermieter selbst die Wohnung beziehen will, obwohl Frau Aitmatowa doch noch länger die Miete bereits überwiesen hat, macht sie unbewusst wütend, weil sie sich erneut vertrieben fühlt. Wie Wut und Empörung Ausdruck der aufbegehrenden aggressiven Impulse des unterdrückten wahren Selbst sind, so sind die sich anschließend einstellenden Schuldgefühle Ausdruck des falschen Selbst, das nach der traumatischen Erfahrung mit der sie vor die Tür setzenden Mutter stets gefügig sein und niemals so aggressiv wie die Mutter sein wollte. In diesem Moment setzt sie den ungerechten Impulsdurchbruch der Mutter, der sie traumatisierte, kurzschlussartig mit der gut begründeten Wut gleich, mit der sie sich gegen das Verletzen der Absprache durch den Vermieter zur Wehr setzte.

Die drei Szenen stellen daher Varianten desselben situativen Interaktionsmusters dar, in dem sich ein und dieselbe Störung der Affektregulation und der ihr zugrunde liegende Konflikt zwischen Triebanspruch und Moral offenbart: Die aktuelle Szene, in der sich Frau Aitmatowa als Sprachlehrerin diskreditiert fühlt, versetzt sie in Panik, weil sie Angst hat, aufgrund der Beschwerden aus der Sprachschule vertrieben zu werden. Die infantile Szene, in der die Mutter das Kind wegen seines Liedes vom Waisenkind vor die Tür setzte, dramatisiert den traumatischen Originalvorfall, der in der Angst vor Vertreibung aus dem Elternhaus gipfelt.

Die zweite Alltagsszene, in der sie ihrer Wut auf den Vermieter Ausdruck verleiht, aber zugleich mit Schuldgefühlen reagiert, reinszeniert aufgrund der aktuellen Angst vor Vertreibung aus der Mietwohnung die infantile Angst vor Vertreibung aus dem Elternhaus. Das Problem, in zwei Alltagskonflikten der Gegenwart von der Kindheitsangst wieder eingeholt zu werden, von anderen fallen gelassen und vertrieben zu werden, lässt sich nur auflösen, weil sich dieses Affektdrama in der Übertragung darstellt: Die der Patientin gegenüber erlebte Gegenübertragung, sich um das kleine Mädchen sorgen und ihr gerecht werden zu wollen, spiegelt nämlich wider, welche Rolle sie auf den Analytiker unbewusst überträgt. Denn dass er als Gegenmodell zur ablehnenden Mutter den verständnisvollen Vater entwirft, der auf die Bedürfnisse der Tochter eingeht, offenbart, dass sich in der therapeutischen Beziehung unbewusst ein ödipales Dreieck konstelliert, in dem der Analytiker die Rolle des verständnisvollen Vaters übernimmt, der die von der Mutter vertriebene Tochter aus der Enge der Dyade rettet. Eben das ist das Gegenübertragungsgefühl, mit dem der Analytiker schon im Erstgespräch auf die auf ihn übertragenen Hoffnungen reagierte: dass er sich dieses verlorenen Kindes annehmen müsste, das durch unglückliche Umstände aus seiner Heimat Kirgisien herausgefallen war.

Die Fallrekonstruktionen zeigen, dass das Verstehen von Übertragung und Gegenübertragung die Basis für die Bearbeitung der Affekte der Patientinnen und Patienten bildet. Dabei kann der mentalistische Zugang zu den Affekten verhelfen, die Reflexionsfähigkeit durch das Nachdenken über Gedanken und Gefühle zu entwickeln. Es zeigt sich zudem, wie wichtig es für den Therapeuten ist, die Patienten »mentalisierungsmäßig« dort »abzuholen«, wo sie stehen – also solche Interventionen anzuwenden, welche die Patienten ihrem aktuell verfügbaren Mentalisierungsniveau entsprechend auch verstehen. In der Arbeit mit Frau Aitmatowa gelingt das mithilfe einer deklarativ eingeführten Rolle eines Dritten. Wenn sich später bei verbessertem Mentalisierungsniveau ähnliche Szenen reinszenieren, kann mit mentalisierungsfördernden Fragen oder sogenannten »ungesättigten«, weil offeneren Interpretationen die eigene Mentalisierungsaktivität etwa in folgender Weise »angeschoben« werden: »Was, meinen Sie, kann dem kleinen Waisenhausmädchen helfen, sich sicherer zu fühlen?«

Wie bedeutsam das Mentalisierungskonzept auch sein mag, es kann doch nicht – wie Ulrich Schultz-Venrath (2013) glaubt – die Psychoanalyse ersetzen. Vielmehr ist zu beachten, dass es sich beim Mentalisieren um die Aufhebung der *Störung einer Ich-Funktion* handelt, auch wenn dieser für die Affektregulation eine zentrale Bedeutung zukommt. Der szenische Zugang zu den Affekten zeigt darüber hinaus, dass sich die Störung der Affektregulation auf einen »Kampf« zurückführen lässt (Fonagy et al. 2002, S. 100), der durch das Interagieren mit Anderen (»Objekten«) ausgelöst wird und einen infantilen Konflikt reinszeniert, der durch das Wiederauftauchen unterdrückter sexueller und aggressiver Triebimpulse des Unbewussten bestimmt wird, die in dem Maße, wie sie unvereinbar erschienen mit der durch die Mutter an das Kind herangetragenen Moral, nicht durch die Verknüpfung mit Bildern und Sprache in vorbewusste und bewusste Strukturen des Ichs übersetzt werden konnten.

Zuhören und die Affekte auf das eigene Körpererleben wirken lassen – Schlussbemerkung

Mit dem kognitiven Verstehen der PatientInnen praktizieren PsychotherapeutInnen ein logisches Verstehen, das ihnen als Erwachsenen selbstverständlich und seit dem Schulkindalter vertraut ist, von dem an sich ihr begriffliches Denken entwickelt hat. Zugleich lassen sich TherapeutInnen auf ein affektives Verstehen der PatientInnen ein, das zwei weitere Verstehensmodi umfasst.

Wenn PsychotherapeutInnen intuitiv die Mimik, Gestik und den Tonfall verstehen, mit dem PatientInnen beim Sprechen ihre Affekte ausdrücken, dann praktizieren sie ein psychologisches Verstehen, mit dem sie auf das symbolische Denken des Kleinkindes zurückgreifen, das aus der Mimik der Mutter deren Stimmungslage abliest.

Wenn TherapeutInnen schweigend zuhören und dem nachspüren, wie die durch Worte, Mimik und Gestik zum Ausdruck gebrachten Gedanken und Gefühle der PatientInnen auf das eigene Erleben und auf den eigenen Körper wirken, und gleichzeitig darauf achten, welche Bauchgefühle und welche Fantasien dieses Sich-Einlassen nach sich zieht, dann praktizieren sie ein szenisches Verstehen, mit dem sie auf das sensomotorische Denken des Säuglings regredieren, der durch eine sinnlich-unmittelbare Affektkommunikation mit der Mutter verbunden ist, von der er sich im ersten Lebensjahr noch nicht als getrennt und unterschieden erlebt.

Da alle drei Verstehensmodi gleichzeitig ablaufen, oszilliert die Aufmerksamkeit der PsychotherapeutInnen von einer Kommunikationsebene zur anderen hin und her. Während sie den kognitiven Sinn der Mitteilungen der PatientInnen erschließen (logisches Verstehen), eröffnet sich ihnen zugleich durch Mimik, Gestik und Tonfall die affektive Verfassung der PatientInnen (psychologisches Verstehen). Wenn sie sich genug Zeit lassen, um das Verstehen des Gesagten und der durch den Gestenaustausch kommunizierten Affekte auf das eigene Erleben wirken zu lassen, sodass sie spüren, wie sich ihre PatientInnen dabei körperlich fühlen, und offen werden für Fantasien und Gedanken, die in ihnen aufsteigen, dann vermögen sie wahrzunehmen, was unbewusst miteinander kommuniziert wird (szenisches Verstehen).

So wird fassbar, was Freud mit den Worten meint, dass mit »dem gebenden Unbewußten des Kranken« das »eigene Unbewußte« des Analytikers kommuniziert (Freud 1912, S. 381). Die Durcharbeitung unbewältigter Affekte gelingt in dem Maße, wie sich dank der Gegenübertragung das Unbewusste der AnalysandInnen im Erleben der AnalytikerInnen reinszeniert und wie die Gegenübertragung daher »als ein Spiegel des Inneren des Analysanden gelesen werden kann« (Ermann 2000, S. 229). Die Affekte der PsychotherapeutInnen stellen daher das zweite Gelenkstück der analytischen Arbeit dar, mit deren Hilfe sich der unbewusste Sinn der Leidensgeschichte verstehen lässt, die ihnen die PatientInnen durch ihre Erzählungen und Inszenierungen anvertrauen.

Literatur

Baumgart, M. (1991): Psychoanalyse und Säuglingsforschung: Versuch einer Integration unter Berücksichtigung methodischer Unterschiede. Psyche 45, 780–809.

Cremerius, J. (1979): Gibt es *zwei* psychoanalytische Techniken? In: ders. (1990): Vom Handwerk des Psychoanalytikers: Das Werkzeug der psychoanalytischen Technik. Bd. 1. Stuttgart (Frommann-Holzboog) 1990, S. 187–209.

Dollard, J.S.; Doob, L.W.; Miller, N.E.; Mowrer, O.H. & Sears, R.S. (1939): Frustration und Aggression. Weinheim/Basel (Beltz) 1970.

Dornes, M. (1992): Der kompetente Säugling. Die präverbale Entwicklung des Menschen. Frankfurt/M. (Fischer) 1993.

Dornes, M. (1997): Die frühe Kindheit. Entwicklungspsychologie der ersten Lebensjahre. Frankfurt/M. (Fischer) 2009.

Ekman, P. (1988): Gesichtsausdruck und Gefühl. 20 Jahre Forschung von Paul Ekman. Paderborn (Junfermann).

Ermann, M. (2000): Gegenübertragung. In: Mertens, W. & Waldvogel, B. (Hg.): Handbuch psychoanalytischer Grundbegriffe. Stuttgart u.a. (Kohlhammer) 2002, S. 226–232.

Fonagy, P.; Gergely, G.; Jurist, E.L. & Target, M. (2002): Affektregulierung, Mentalisierung und die Entwicklung des Selbst. Stuttgart (Klett-Cotta) 2004.

Fonagy, P. & Target, M. (2002): Neubewertung der Entwicklung der Affektregulation vor dem Hintergrund von Winnicotts Konzept des »falschen Selbst«. Psyche 56, 839–862.

Freud, S. (1895): Studien über Hysterie. GW I. Frankfurt/M. (Fischer), S. 75–312.

Freud, S. (1896): Weitere Bemerkungen über die Abwehr-Neuropsychosen. GW I. Frankfurt/M. (Fischer), S. 379–403.

Freud, S. (1905a): Der Witz und seine Beziehung zum Unbewußten. GW VI. Frankfurt/M. (Fischer).

Freud, S. (1905b): Drei Abhandlungen zur Sexualtheorie. GW V. Frankfurt/M. (Fischer), S. 27–145.

Freud, S. (1909a): Bemerkungen über einen Fall von Zwangsneurose. GW VII. Frankfurt/M. (Fischer), S. 379–463.

Freud, S. (1909b): Über Psychoanalyse. GW VIII. Frankfurt/M. (Fischer), S. 1–60.
Freud, S. (1910): Die psychogene Sehstörung in psychoanalytischer Auffassung. GW VIII. Frankfurt/M. (Fischer), S. 94–102.
Freud, S. (1911): Formulierungen über die zwei Prinzipien des psychischen Geschehens. GW VIII. Frankfurt/M. (Fischer), S. 230–238.
Freud, S. (1912): Ratschläge für den Arzt bei der psychoanalytischen Behandlung. GW VIII. Frankfurt/M. (Fischer), S. 376–387.
Freud, S. (1913): Die Disposition zur Zwangsneurose. Ein Beitrag zum Problem der Neurosenwahl. GW VIII. Frankfurt/M. (Fischer), S. 442–452.
Freud, S. (1914): Zur Einführung des Narzißmus. GW X. Frankfurt/M. (Fischer), S. 137–170.
Freud, S. (1915a): Das Unbewußte. GW X. Frankfurt/M. (Fischer), S. 264–303.
Freud, S. (1915b): Die Verdrängung. GW X. Frankfurt/M. (Fischer), S. 248–261.
Freud, S. (1915c): Triebe und Triebschicksale. GW X. Frankfurt/M. (Fischer), S. 210–232.
Freud, S. (1916–1917a): Trauer und Melancholie. GW X. Frankfurt/M. (Fischer), S. 427–446.
Freud, S. (1916–1917b): Vorlesungen zur Einführung in die Psychoanalyse. GW XI. Frankfurt/M. (Fischer).
Freud, S. (1920): Jenseits des Lustprinzips. GW XIII. Frankfurt/M. (Fischer), S. 1–69.
Freud, S. (1921): Massenpsychologie und Ich-Analyse. GW XIII. Frankfurt/M. (Fischer), S. 71–161.
Freud, S. (1923): Das Ich und das Es. GW XIII. Frankfurt/M. (Fischer), S. 235–289.
Freud, S. (1924a): Das ökonomische Problem des Masochismus. GW XIII. Frankfurt/M. (Fischer), S. 369–383.
Freud, S. (1924b): Neurose und Psychose. GW XIII. Frankfurt/M. (Fischer), S. 385–391.
Freud, S. (1925): Selbstdarstellung. GW XIV. Frankfurt/M. (Fischer), S. 31–96.
Freud, S. (1926): Psycho-Analysis. GW XIV. Frankfurt/M. (Fischer), S. 297–307.
Freud, S. (1933): Neue Folge der Vorlesungen zur Einführung in die Psychoanalyse. GW XV. Frankfurt/M. (Fischer).
Freud, S. (1940–1952): Gesammelte Werke (GW), Bde. I–XVII. Hg. von A. Freud et al., London (Imago Publishing); seit 1960: Frankfurt/M. (Fischer). Bd. XVIII (Gesamtregister): Frankfurt/M. (Fischer) 1968; Nachtragsband: Frankfurt/M. (Fischer) 1987.
Furth, H.G. (1987): Wissen als Leidenschaft. Eine Untersuchung über Freud und Piaget. Frankfurt/M. (Suhrkamp) 1990.
Gay, P. (1987): Freud. Eine Biographie für unsere Zeit. Frankfurt/M. (Suhrkamp) 1995.
Hartmann, H. (1948): Bemerkungen zur psychoanalytischen Theorie der Triebe. In: ders. (1964): Studien zur psychoanalytischen Theorie. Stuttgart (Klett-Cotta) 1972, S. 78–97.
Hartmann, H.; Kris, E. & Loewenstein, R. (1949): Notes on the theory of aggression. Psychoanalytic Study of the Child 3/4, 9–36.

Heimann, P. (1950): On counter-transference. International Journal of Psycho-Analysis 31, 81–84.

Izard, C. (1977): Die Emotionen des Menschen. Eine Einführung in die Grundlagen der Emotionspsychologie. Weinheim/Basel (Beltz) 1981.

Izard, C.; Huebner, R.; Risser, D.; McGiness, G. & Doughterty, L. (1980): The young infant's ability to produce discrete emotion expressions. Developm. Psychol. 16, 132–140.

Jones, E. (1919): Theorie der Symbolik. Internationale Zeitschrift für ärztliche Psychoanalyse 5, 244–261.

Kernberg, O.F. (1992): Wut und Haß. Über die Bedeutung von Aggression bei Persönlichkeitsstörungen und sexuellen Perversionen. Stuttgart (Klett-Cotta) 1997.

Kernberg, O.F. (1995): Liebesbeziehungen. Stuttgart (Klett-Cotta) 1998.

Klein, M. (1927): Frühstadien des Ödipuskonfliktes. In: M. Klein, Frühstadien des Ödipuskonfliktes. Frühe Schriften 1928–1945. Frankfurt/Main (Fischer), S. 7–21.

Klein, M. (1962): Das Seelenleben des Kleinkindes und andere Beiträge zur Psychoanalyse. Reinbek (Rowohlt) 1972.

Krause, R. (1983): Zur Onto- und Phylogenese des Affektsystems und ihrer Beziehungen zu den psychischen Störungen. Psyche 37, S. 1017–1041.

Krause, R. (1992): Mimisches Verhalten und Erleben. In: Neuser, J. & Griebel, R. (Hg.): Projektion – Grenzprobleme zwischen innerer und äußerer Realität. Göttingen u.a. (Hogrefe), S. 173–186.

Krause, R. & Lütolf, P. (1989): Mimische Indikatoren von Übertragungsvorgängen. Erste Untersuchungen. Zeitschrift für klinische Psychologie 18, S. 55–67.

Langer, S. (1942): Philosophie auf neuem Wege. Das Symbol im Denken, im Ritus und in der Kunst. Frankfurt/M. (Fischer) 1984.

Laplanche, J. & Pontalis, J.-B. (1967): Das Vokabular der Psychoanalyse. 2 Bde. Frankfurt/M. (Suhrkamp) 1973.

Little, M. (1951): Counter-transference and the patient's response to it. International Journal of Psycho-Analysis 32, S. 32–40.

Lorenzer, A. (1970a): Kritik des psychoanalytischen Symbolbegriffs. Frankfurt/M. (Suhrkamp) 1972.

Lorenzer, A. (1970b): Sprachzerstörung und Rekonstruktion. Vorarbeiten zu einer Metatheorie der Psychoanalyse. Frankfurt/M. (Suhrkamp) 1973.

Lorenzer, A. (1972): Zur Begründung einer materialistischen Sozialisationstheorie. Frankfurt/M. (Suhrkamp) 1973.

Lorenzer, A. (1981): Das Konzil der Buchhalter. Die Zerstörung der Sinnlichkeit. Eine Religionskritik. Frankfurt/M. (Europäische Verlagsanstalt).

Lorenzer, A. (1984): Die Funktion von Literatur und Literaturkritik – aus der Perspektive einer psychoanalytisch-tiefenhermeneutischen Interpretation. In: ders.: Jenseits der Couch. Psychoanalyse und Sozialkritik. Herausgegeben von der Institutsgruppe Psychologie der Universität Salzburg. Frankfurt/M. (Fischer), S. 211–228.

Mahony, P.J. (1986): Freud and the Rat Man. New Haven (Yale University Press).

Mead, G.H. (1934): Geist, Identität und Gesellschaft aus der Sicht des Sozialbehaviorismus. Frankfurt/M. (Suhrkamp) 1973.

Möller, M.L. (1977): Zur Theorie der Gegenübertragung. Psyche 31, 142–166.

Nagera, H. (Hg.) (1969–1970): Psychoanalytische Grundbegriffe. Eine Einführung in Sigmund Freuds Terminologie und Theoriebildung. Frankfurt/M. (Fischer) 1987.

Oster, H. & Ekman, P. (1978): Facial behavior in child develpment. In: Collins, W. (Hg.): Minnesota Symposia on Child Psychology. Vol. 11, 231–276.

Piaget, J. (1945): Nachahmung, Spiel und Traum. GW V. Stuttgart (Klett-Cotta) 1975.

Racker, H. (1959): Übertragung und Gegenübertragung. München/Basel (Reinhardt) 1978.

Schultz-Venrath, U. (2013): Lehrbuch Mentalisieren. Psychotherapien wirksam gestalten. Stuttgart (Klett-Cotta).

Spitz, R.A. (1965): Vom Säugling zum Kleinkind. Naturgeschichte der Mutter-Kind-Beziehungen im ersten Lebensjahr. Stuttgart (Klett-Cotta) 1976.

Stone, L.J.; Smith, H. & Murphy, L. (Hg.) (1973): The competent infant. New York (Basic Books).

Stroeken, H. (1985): Freud und seine Patienten. Frankfurt/M. (Fischer) 1992.

Tomkins, S.S. (1962): Affect, imagery, consciousness I: The positive affects. New York (Springer).

Tomkins, S.S. (1963): Affect, imagery, consciousness II: The negative affects. New York (Springer).

Weinberg, K. & Tronick, E. (1994): Beyond the face: An empirical study of infant affective configurations of facial, vocal, gestural, and regulatory behaviors. Child Development 65, 1503–1515.

Winnicott, D.W. (1950): Die Beziehung zwischen Aggression und Gefühlsentwicklung. In: ders. (1958): Von der Kinderheilkunde zur Psychoanalyse. München (Kindler) 1976, S. 89–109.

Winnicott, D.W. (1960): Ich-Verzerrung in Form des wahren und des falschen Selbst. In: ders. (1965): Reifungsprozesse und fördernde Umwelt. München (Kindler) 1974, S. 182–199.

Zelnick, L.M. & Buchholz, E.S. (1991): Der Begriff der inneren Repräsentanz im Lichte der neueren Säuglingsforschung. Psyche 45, 810–846.